정상 국가와
인간의 욕망

정상 국가와 인간의 욕망

발행일   2019년 9월 27일

지은이   신동완
펴낸이   손형국
펴낸곳   (주)북랩
편집인   선일영   편집   오경진, 강대건, 최예은, 최승헌, 김경무
디자인   이현수, 김민하, 한수희, 김윤주, 허지혜   제작   박기성, 황동현, 구성우, 장홍석
마케팅   김회란, 박진관, 조하라, 장은별
출판등록   2004. 12. 1(제2012-000051호)
주소   서울시 금천구 가산디지털 1로 168, 우림라이온스밸리 B동 B113, 114호
홈페이지   www.book.co.kr
전화번호   (02)2026-5777   팩스   (02)2026-5747

ISBN   979-11-6299-886-1 03100 (종이책)   979-11-6299-887-8 05100 (전자책)

이 도서의 국립중앙도서관 출판예정도서목록(CIP)은 서지정보유통지원시스템 홈페이지(http://seoji.nl.go.kr)와
국가자료공동목록시스템(http://www.nl.go.kr/kolisnet)에서 이용하실 수 있습니다.
(CIP제어번호: 2019038059)

(주)북랩 성공출판의 파트너

북랩 홈페이지와 패밀리 사이트에서 다양한 출판 솔루션을 만나 보세요!

홈페이지 book.co.kr   •   **블로그** blog.naver.com/essaybook   •   **출판문의** book@book.co.kr

인간의
내밀한
욕망에
숨겨진
행복의
비밀

정상 국가와
인간의 욕망

신동완 철학 에세이

북랩 book Lab

PROLOGUE

인간은 이유 없이 세상에 있지만 살아갈 이유가 없다고는 할 수 없다. 살아갈 이유를 우리 스스로 정의할 수 있으며 살아갈 이유를 행복에서 찾는 것에 많은 사람들이 공감하고 있다. 그리고 살아 있는 동안 행복을 추구하는 것보다 더 좋은 일은 없을 것 같다. 그럼에도 행복한 세상은 아직 오지 않았다. 사람들이 행복하지 않은 이유는 세상에 행복해지기 어려운 구조들이 있기 때문이다. 또 다른 이유는 행복해지는 방법에 대해 합의할 수 없기 때문이기도 하다. 사회생활을 하는 인간들은 혼자서는 행복해질 수 없다. 다수가 행복해져야 나도 행복해질 수 있다. 한 사람이 행복해지는 방법은 한 나라가 행복해지는 방법과 연계되어 있다.

우리가 행복해지기 위해 나는 무엇을 해야 하고, 국가는 무엇을 하며, 인류는 무엇을 해야 할지 그리고 그것들을 어떻게 합의해 갈지 생각하고 싶었다. 한 사람이 꿈을 꾸면 유토피아라 불리지만 많은 사람 또는 대다수의 사람이 꿈을 꾸면 정상적인 사회 또는 정상 국가가 된다. 같이 꿈을 꾸면서 더 나은 세상을 만들 수 있기를 바란다.

2019년 9월
신동안

CONTENTS

Part 03

자제 욕망

Part 04

권장 욕망

Part 05

설계 욕망

Part 01

욕망에
대하여

왜 욕망인가?

자식을 키우면서 자식 문제로 고민이 생기는 것은 자연스러운 일이다. 더구나 나처럼 아들 셋을 키운다면 많은 일들이 있었을 것이다. 부모의 생각 이상으로 알아서 하는 자식들이 내 주위에도 간혹 있지만 도대체 저 녀석은 어떻게 살려고 생각하고 있는지 궁금할 정도로 무계획적으로 하루하루를 보내는 자녀들이 훨씬 더 많은 것도 사실이다. 우리 막내아들이 동의하지 않을지 모르지만 그 친구가 후자에 속해 있다는 생각을 한 적이 있다. 고등학생인 막내아들에게 "넌 앞으로 어떻게 살고 싶니?" 하며 조심스럽게 물어본 적이 있다. 어떤 말이 나올지 긴장도 되고, 꼰대처럼 잔소리는 하지 않겠다는 생각도 했었다. "글쎄요? 나는 내가 뭘 좋아하는지 모르겠어요". 툭 던지는 막내 아들의 말에 "그게 무슨 말이냐? 자기가 좋아하는 게 뭔지 몰라?" 그렇게 말은 했지만 이게 그렇게 간단한 것만은 아니라는 생각이 들었다.

좀 더 생각해 보면 나이가 든 성인이라 하더라도 더러는 연륜이 지긋한 어르신들이라 해도 내가 원하는 것이 무엇인지 분명하게 알고 있다고 자신 있게 얘기할 수 있을까? 어떻게 살 것인가를 계획하려면 내가 원하는 것을 하면 되는데 내가 무엇을 원하는지를 모르면 한 발자국도 나갈 수 없을 것이다. 내가 원하는 것, 내가 욕망하는 것을 내가 모른다면 누구에게 물어봐야 하나? 부모가 "너 이것을 좋아해 봐"라고 말할 수도 없고 선생님이 이런 것들을 좋아하는 것이 옳다고 가르칠 수도 없는 일이지 않은가? 교회나 절에 간다면 너는 이것을 욕망하라는 말보다는 이것은 꼭 해야 한다거나 저것은 하지 말라고 가르친다. 내가 원하는 것, 내가 욕망하는 것을 찾으려면 어디로 가야 하는가?

아무리 돈이 많아도 하고 싶은 일이 무엇인지, 무엇을 해야 하는지 알지 못한다면 엉뚱한 일을 하게 마련이다. 사실 우리가 부러워하는 부자들이 어이없는 일을 하며 스스로를 망치는 것을 수없이 많이 보게 된다.

아들의 짧은 대답에 대한 고민으로 욕망에 대해 좀 더 생각할 시간을 갖게 된 것이 다행스럽게 생각된다. 그리고 이 책에 대한 구상도 시작되었다.

그런데 왜 우리 스스로는 우리가 원하는 것을 모른다는 말인가? 르네 지라르는 욕망의 삼각형이론을 통해 '간접화된 욕

망'을 말했고 라캉은 "인간은 타인의 욕망을 욕망한다"고 말한
다. 인간이 스스로 욕망하는 것이 얼핏 생각하는 것만큼 쉽
지 않고 순수하지도 않다는 의미일 것이다.

여기에서는 우리 인간이 스스로 원하는 것을 찾는 것에 왜
어려움을 겪는지에 대한 철학적 접근은 접어 두려고 한다. 원
하지 않는 사람들이 자칫 지나치게 분석적이고 낯선 곳에서
시간을 보내게 될 것을 걱정하기 때문이다. 다만 그 철학적 전
개가 궁금한 사람들은 나의 이전 책인『내가 없다』를 통해서
함께 생각하면 좋을 것이다.『내가 없다』가 인간이란 무엇이고
왜 사느냐에 대한 문제를 다룬 것이라면『정상 국가와 인간의
욕망』은 어떻게 살 것인가에 대한 문제를 다룬 것이다.

따라서 이 책에서는 인간이 원하는 것은 무엇들이고, 그것
들을 어떻게 이해하고, 어떻게 충족할 것인가를 얘기하고 싶
다. 그런 과정을 통해 자연스럽게 어떤 세상이 더 나은 세상인
지에 대한 그림도 그려질 것이다. 그래서 이 책이 자신의 일을
기획하고 행복을 찾아가고자 하는 젊은 독자들에게 도움이
되는 삶의 길잡이 역할을 하면 좋겠다. 인간이 원하는 것들의
보편성을 찾아내고 그것의 가치를 개인과 사회의 두 관점에서
보고자 한다. 개인은 원하는 것들을 어떻게 충족하고 관리하
는지 개인이 원하는 것에 대한 사회나 국가의 책임감은 어떤

지 짚어보고 정상적인 국가라면 어떻게 해야 하는지 대안을
제시할 것이다. 개인의 문제는 개인의 결단만으로 풀릴 수 없
기에 개인의 욕망에 대한 사회적 해결이 함께 모색되어야 한
다. 토마스 모어는 그의 저서『유토피아』에서 "인간이 완전해
질 때까지는 세상은 결코 완전해질 수 없다. 그리고 나는 영
원히 인간이 완전해질 수 있다고 기대하지 않는다"라고 말했
다. 그의 말처럼 인간이 완전해질 수는 없을지 모르지만 사회
와 제도가 인간이 행복해지는 것을 도울 수 있다고 믿는다.
좋은 제도를 통하여 인간이 욕망을 충족하며 행복해지는 것을
지엄한 목표로 추구하는 국가를 정상 국가라고 말할 수 있다.

욕망이란 무엇인가?

　다른 모든 학문적 주제의 경우와 마찬가지로 욕망이라는 말을 정의하는 것은 쉬운 일이 아니다. 원하는 것, 요구, 욕구 등과 구별하기도 하고 때로는 욕망이 인간으로서 태어날 때 갖춰지는 본성이라는 면을 강조해서 본능이라는 말로 사용할 수도 있다. 학문의 분야에 따라 학자에 따라 다르게 사용한다고 해서 이상할 것이 없다. 이 책에서는 욕망을 고등학생 아들에게 했던 "어떻게 살고 싶니? 뭐 하면서 살고 싶니?"라는 질문의 근간으로서 하고 싶은 것, 원하는 것을 통칭하는 학문적 엄격함 없이 넓은 의미의 욕망으로 정의할 것이다.

　욕망을 학문적으로 다루는 학자들은 욕망의 연구를 통해 인간을 설명하고 인간 행동의 근거들을 밝혀내고자 노력해 왔다. 심리학자 쿠르트 레빈은 욕망과 반욕망의 대상이 인간의 행동을 끌어낸다는 장이론을 주창하였다. 또한 실험적 행동주의자인 에이브러햄 매슬로우는 생리적 욕구, 안전 욕구, 사랑과 소속 욕구, 존경 욕구, 자아실현 욕구 다섯 가지를 위계적으로 구분하여 하위 단계의 욕구가 충족되면 상위 단계의 욕구로 올라간다는 욕구 위계 이론을 주장하였다. 이 이론은 인간의 욕망에 대한 이해와 연구에서 20세기 학자들에게 많은 영감을 주었으며 인간의 욕구를 이해하기 쉽게 간단히 설명한 측면이 있다. 그러나 인간의 욕구가 단계적이지 않다는 많은 증거들이 전문가들에 의해 제시되면서 비과학적이라는 비판을 받아 왔다. 또한 인간을 설명하면서 자아실현이라는 애매한 욕망을 최상위에 배치하면서 추상적이라는 비판을 피해 갈 수 없다. 유명한 지그문트 프로이트나 프리드리히 니체는 각각 성욕과 권력욕을 근본적 욕망으로 지목하여 인간의 모든 행동의 기초를 설명하는 이론을 만들었지만 오늘날 누구도 인간 행동의 모든 기초를 하나의 힘으로 설명하지는 않는다. 욕망을 통해 인간을 설명하려는 시도는 때때로 욕망을 인간 그 자체로 인식하는 경우도 있었다. 무엇이 되었든 지금까지 욕망에 대한 이론은 인간과 인간의 행동 그리고 사회와 사회의 행동을 설명하려는 것이었다. 그러한 이론이 인간과 사회의 일부 행동과 현상을 사후적으로 설명하거나 예견하는 것에 도움이 될 수 있지만 우리나 우리 아이들이 어떻게 살 것인지를, 우리 사회가 어떻게 나가야 하는지를 제시하는 것에는 큰 관심이 없었고 결코 성공적이지 못했다는 생각이다. 다시 말해 욕망을 통해 인간과 사회를 설명하는 것 말고 욕망 자체의 성격을 연구하고 각각의 욕망을 어떻게 이해하고 충족할 수 있는지에 대한 사회적 합의를 이끌어 내는 일은 시도되지 않았다.

욕망은 채워져야 할 어떤 것이고, 그 욕망을 채우는 것이 행복이며, 그 욕망을 채우기 위해 개개인은 어떻게 욕망해야 하며, 사회와 국가는 어떻게 움직여야 하는가를 다루는 욕망론은 진지하게 논의되지 않았다.

종교나 철학에서 욕망과 행복에 대해 담론을 제공했지만 개인 그리고 국가 지도자의 정치적 책임의 관점에서 인간 욕망의 충족이 얘기되지 못했다.

욕망은 정부가 나서서 얘기하기에는 부적절하고 개인도 욕망 충족을 목표로 행동한다고 말하기 부끄러운 시대를 거쳐 왔기 때문에 욕망에 대한 담론은 제대로 형성되지도 못하고 숙성되지도 못했다.

그래서 이 책에서는 욕망을 넓지만 구체적으로 분류하고 내부에서 끓어오르는 욕망을 어떻게 사용해야 하며 어떻게 우리의 삶을 살아야 하는가에 관하여 행동의 출발점들을 만들고자 시도할 것이다.

욕망의 역사

　인간의 욕망을 찾아 나서기 전에 욕망을 펼쳐 온 인간의 역사를 들여다보는 일도 나름의 의미가 있을 것이다. 먼 옛날 인류 초기에 인간 욕망은 동물들과 다를 바 없었다. 모두의 욕망이 서로 다르지 않았으며 모두의 욕망이 표출되었고 모두가 욕망을 실현하기 위해 살았다. 그러면서도 욕망이란 개념이 무엇인지도 몰랐고 욕망이라는 단어조차 없었다. 수천 년 전 인간이 언어를 사용하고 작은 사회가 형성되면서 인간의 욕망은 일정한 틀 안에서 표출되도록 계도되기 시작했다. 여러 사람이 한곳에 생활하다 보니 상호 의존을 통한 분업과 협동이 필요했기 때문에 타인의 욕망을 인정하고 함께 욕망의 충족을 위한 활동을 하였다. 모든 사람은 욕망 충족을 위해 살았으며 약간의 사회적 제약이 있었을 뿐이었다. 모두가 욕망을 추구하는 것이 자연스럽고 욕망을 추구하는 일로 부끄러워할 이유가 없었다. 그러다 또 수많은 시간이 흘러 집단이 커졌고 권력자가 생겼다. 그 권력자를 중심으로 욕망의 서열

화가 이루어졌다. 권력자의 욕망이 피지배자의 욕망에 우선하게 되었다. 심지어는 권력자의 불요불급한 작은 욕망을 위해서라면 수천 명이 굶어 죽거나 전쟁터에서 죽어도 잘못된 일이라는 인식은 가질 수 없었다. 대다수 피지배자들의 욕망은 함부로 표출될 수 없었다. 정복한 세력이 다시 정복되고 또 다른 세력이 정복하고 정복되기를 반복하면서 승자의 욕망은 큰 가치를 갖게 되었고 정복된 사람들은 정복한 세력의 욕망을 충족시키기 위해서 존재해야만 했다. 정복된 사람들의 욕망 표출은 금기시되었다. 자연스럽던 인간의 욕망이 사회가 분화되고 권력화될수록 불순한 것이 되어 가고 있었다. 그럼에도 인간의 욕망에 마지막 결정적 타격을 가한 것은 사후 세계를 약속했던 종교 세력이었다.

막연히 보이지 않는 힘을 믿던 원시적 종교가 국가의 공인을 얻고 삶을 넘어 죽음까지 관장하는 국가 종교가 되면서 인간의 욕망은 마침내 그 자체로 죄가 되기에 이르렀다.

인간의 삶을 고통 그 자체로 보고 모든 고통의 근거가 인간의 욕망에서 온다고 보았던 불교는 모든 욕망을 버리는 해탈을 주장하였다. 불교가 인간이 고통 속에 있고 그 고통의 근거가 인간의 욕망이라는 것을 말했다는 것은 인간의 욕망 자체를 인정한 것이고 욕망 자체를 죄악시한 것은 아니었다. 인간의 욕망을 죄로 만든 것은 기독교였다. "음욕을 품고 여자를 바라보는 자는 누구나 이미 마음으로 그 여자와 간음한 것이다"(마태 5장 28절)라는 성경의 구절은 인간의 욕망에 대한 기독교적 시선을 극명하게 보여 주고 있다. "네 오른 눈이 너를 죄짓게 하거든 그 눈을 빼어 던져라. 온몸이 지옥에 빠지는 것보다 눈 하나를 잃는 것이 낫다"(마태 5장 29절)는 말은 욕망 자체에 대한 증오와 경멸, 그리고 엄중한 경고를 보여 주고 있다. 성인으로 추앙받는 아우구스티누스조차도 『고백록』에서 그의 욕망에 대해 고통스럽게 참회하고 있다. 인간 삶이 욕망이라면 인간의 삶 자체가 죄가 되고 인간은 죄인이 되고 인간 스스로는 죄에서 벗어날 수 없었다. 기독교 지역에서 인간은 2천 년가량을 그렇게 매일매일의 욕망을 두려워하고 어두운 고백실에서 참회하면서 보내야 했다.

욕망덩어리인 인간이 자연스러운 욕망을 죄로 인식하고 말 못 할 두려움을 안고 살아야 했다고 생각하니 가슴이 먹먹할 뿐이다. 인간의 욕망이 죄의 사슬에서 벗어나기 시작한 것은 신의 힘이 약해지기 시작하면서다. 과학의 발전으로 신과 성경의 세계가 상처를 입으면서 사람들은 신을 세상을 설명하는 근거로 사용하지 않게 되었고 인간의 욕망은 서서히 드러나게 되었다. 자본주의 시대에 이르러서는 인간 욕망은 보이지 않는 손이 되어 가격을 결정하고 공급을 결정하는 중요한 역할을 하게 되었다. 애덤 스미스는 인간의 욕망, 이기심이 사회 전체를 이롭게 하고 개인들의 이기심이 우리가 저녁식사를 먹을 것으로 기대하게 하는 힘이라고 말했다. 더 나가서 욕망을 주요하게 다루는 학자들이 심리학, 사회학, 의학, 철학 등 제반 분야에서 생겨 났다. 이제 욕망은 더 이상 죄가 아니며 진지한 학문의 대상이 되었다. 그러나 자본주의 아래서 소수의 자본가들이 지나친 욕망을 추구함으로써 대다수의 가난한 노동자층에서 피해자들이 발생하기도 했다. 이에 대한 반동으로 20세기 초중반 공산주의 혁명과 실험이 시도되었지만 불과 수십 년 만에 실패했거나 적어도 많은 문제점이 있다는 것이 드러나게 되었다. 공산주의는 경쟁을 하지 말고 함께 살자는 체제인데 경쟁을 장점으로 하는 자본주의 체제와 경쟁해야 했고 그 승패는 당연한 것이었다.

비교적 최근에야 욕망이 긍정적으로 인식되고는 있지만 역사 전체를 보자면 인간이 사회를 이루고 살기 시작한 이후 인간의 욕망은 지속적으로 억압되었다. 인간의 욕망이 자유롭게 언급된 것은 역사 속에서 비교적 최근의 일이고 용기가 필요했던 일이다. 그만큼 인간 욕망에 대한 솔직한 표현 경험은 일천한 것이다. 비교적 최근까지 인간에게 어떻게 살 것인가를 물어보는 일은 어리석은 일이었다. 태어나면서 어떤 것을 원하면서 살아야 할 것인지가 신분적으로 결정되어 있었고 종교적 문화적 환경이 욕망의 한계를 분명하게 설정하고 강요했다. 따라서 근대 이전에 인간은 스스로 욕망할 수 있고 어떻게 살 것인지 결정할 수 있다는 생각조차 할 수 없었다.

지금까지도 오랜 전통의 법률과 도덕과 신앙에서 인간의 욕망에 대한 부정적 시선은 강력하게 살아 있다. 그리고 그런 욕망에 대한 부정적 시선은 욕망의 시대, 과학의 시대가 무색하게 사람들의 정신세계를 지배하고 있는 것이 현실이다. 지금도 욕망에 관한 한 최고의 전문가는 학자들보다는 종교인들이라고 여겨진다. 여전히 종교 지도자들이 욕망에 대한 최고의 권위를 갖고 죄와 참회를 주장하고 있다.

이런 억눌린 욕망의 역사와 환경은 "너는 어떻게 살래?" 또는 "네가 원하는 것은 어떤 것이니?" 묻는 질문에 쉽게 답할 수 없게 하는 직간접적인 원인이 된다. 욕망과 거리를 두면서 어떻게 살 것인지에 대한 답을 해야 한다는 부담감은 우리들 대부분이 아직도 가지고 있는 생각이기도 하다.

1980년대 야간 통행금지가 풀렸는데 밤 늦게 거리를 걸으면서도 이래도 되는 건지 한동안 머쓱했던 기억이 있다. 욕망에 대한 규제가 거의 제거된 오늘날까지도 욕망에 대한 우리들의 표현은 통행금지가 갓 풀린 느낌 아래서 표현되고 공유되고 있다는 생각이 든다.

인간의 욕망을 드러내어 양성화하고 욕망에 대한 처리에 대해 사회적 합의를 만들어야 할 때가 되었다는 생각이다.

이제 우리들 인간이 어떤 욕망을 가지고 있는지 살펴보기로 하자.

욕망의 분류

기존에 욕망을 분류하는 목적은 크게 두 가지가 있었다.

첫째는 인간에 대한 이해와 관리를 위한 것이다. 이 경우 학문적인 방법을 통해 분류했다. 이러한 분류는 인간 개인만이 아니라, 집단이나 사회 또는 국가적 욕망의 형태에 대해 분류하고 이해하며 그를 통한 예측 가능성의 향상을 목적으로 한다. 이런 분류는 때때로 통치자들에게 인간의 개인적, 집단적 욕망을 관리하고 유도하여 통치 행위가 용이하도록 돕는 역할을 한다. 또한 특정 집단, 즉 기업이나 다양한 목적 집단이 그들의 목표 달성을 위해 광고나 선전을 통해 인간의 욕망을 부추기거나 굴절되도록 하는 일에도 이용되고 있다. 여론 조사나, 통계 작성의 많은 부분은 욕망의 분류 작업인 경우가 많으며 하루 종일 온갖 곳에서 볼 수 있는 광고물들은 우리들의 관심과 욕망을 정부나 기업 등의 의도에 맞게 조정하려는 의도와 기교에 노출되어 있다는 증거이기도 하다.

둘째는 종교에서 인간의 욕망을 분류하는 것이다. 종교에서 인간 욕망은 대체로 규제 대상이며 신과의 일치 또는 해탈 및 구원 등에 방해되는 요소이다. 따라서 종교에서는 인간의 욕망을 자세히 구분하고 그것이 왜 나쁜지, 그리고 그 욕망이 어떤 나쁜 결과를 가져오는지 언급하면서 최대한 인간의 욕망을 억제하려고 시도한다. 인간의 욕망은 억누르면서 신의 욕망은 자세히 언급되어 있다.

> "제사상은 아카시아 나무로 만드는데 길이는 이 척, 너비는 일 척, 높이는 일 척 반으로 하여라. 그 상에 순금판을 대고 둘레에는 금 테를 둘러라. 금으로 고리 네 개를 만들어 네 귀퉁이 상다리마다 붙이고 제사상을 쳐들 채를 끼우게 고리를 만들어 가름장에 붙여라. 그 제사상을 쳐드는 데 쓸 채는 아카시아 나무로 만들고 술잔들은 순금으로 만들어라. 그리고 제사상 위에는 나에게 바치는 제사 떡이 떨어지는 일이 없도록 하여라."

구약 성경에서 신이 모세를 통해 당신이 기거할 성소를 지으라며 직접 요구하신 내용이다.

그럼에도 종교에서의 욕망 억제는 당대 권력자들의 요구와 아주 잘 부합하는 것이었다. 권력자들은 자신들의 욕망을 무한대로 추구하면서도 집단 내에 소속된 구성원들의 욕망은 다음 세상, 즉 내세에서 해결하도록 유도할 수 있었기 때문이다. 지금도 종교에서의 행태는 크게 바뀌지 않았으며 사회의 윤리와 법 속에 오랜 전통의 종교적 요구 사항이 곳곳에 박혀 있다. 우리가 아직도 욕망이라는 말에 뭔가 꺼림칙하고 불쾌한 냄새가 난다고 생각한다면 종교 기관과 전통이 심어 놓았고 아직도 고도로 작동되는 것들에 의한 영향이라는 것을 알아 둘 필요가 있다.

좋든 싫든 인간은 욕망에 관한 한 이 두 가지의 영향 아래서 생활하고 있다.

이 책에서는 새로운 기준에 의한 분류, 사람에 의한, 사람을 위한 욕망의 분류를 시도하려고 한다. 그런 분류를 통해 우리 인간이 무엇인지를 이해하고, 인간의 모습을 모두 드러내면서도 그 드러난 욕망에 대해 부끄러워할 이유가 없다는 근거를 스스로 찾게 될 것이다. 우리가 어떻게 해야 효과적으로 욕망을 달성하고 사회적 욕망과의 조화를 이룰 수 있는지에 대한 방법도 질문할 것이다. 그래서 인간이 욕망을 충분히 충족할 수 있는지, 어떤 욕망이 충분히 충족되어야 하고 어떤 욕망은 자제하거나 더 확대시켜 나가야 하는지를 생각해 보고 그런 이유가 무엇인지에 대해서도 알아본다. 인간의 욕망은 그 자체로 악하거나 선한 것이 아니고 인간에 의해 정의되어야 한다. 신이나 권력자가 다른 숨겨진 의도를 가지고 인간의 욕망을 훼손하는 일이 없도록 인간 스스로를 위한 욕망의 이해와

관리가 반드시 필요하다. 늦었지만 지금이 그 시점이고 행동
해야 할 시점이기도 하다.

이 책에서는 인간의 욕망을 망라하면서도 욕망의 필요한 충
족 정도를 기준으로 욕망들을 큰 분류로 묶었다. 기본 욕망,
자제 욕망, 권장 욕망, 설계 욕망, 빠른 욕망 등 다섯 가지 큰
틀로 구분하고 있다. 인간의 관점에서 욕망을 어떻게 충족시
켜 나갈지를 고민한 것이다.

아울러 다섯 가지의 큰 욕망들을 먹는 것에 대한 욕망, 성
에 대한 욕망, 내리사랑에 대한 욕망, 권리에 대한 욕망, 항상
성 유지에 대한 욕망, 지식에 대한 욕망, 경험에 대한 욕망, 승
리에 대한 욕망, 습관에 대한 욕망, 함께하려는 욕망, 인정받
고 싶은 욕망, 표현에 대한 욕망, 빠른 욕망 등 13가지로 다시
세분하여 분류하였다. 부자나 가난한 사람, 권력자나 일반 시
민, 어린이에서 노인 등 어떤 부류의 사람들이라 하더라도 인
간이 가지는 욕망은 이 범주에 있으며 인간이 돈이나 노력, 땀
을 흘려 충족하려는 욕망도 이것이 전부이다. 우리가 어떻게
살겠다고 다짐하는 계획이나 실천들도 이런 13가지 욕망들을
충족하기 위한 계획이나 실천이다. 우리는 매일 이런 13가지
욕망들을 충족하기 위해 무엇인가를 하고 있으며 우리의 삶
이 욕망 충족의 과정이고 욕망이 멈추는 상황은 더 이상 삶이

아니라고 할 수 있다. 욕망 충족의 과정이 대단히 정교하고 복잡하고 고도화되는 것을 문화 또는 문명이라고 부르기도 하지만 기본적인 13가지의 욕망은 바뀌지 않는다. 대단히 불결한 것으로 간주되어 왔던 인간의 욕망은 결코 도덕적으로 판별할 수 있는 성질이 아니며 오명을 뒤집어쓸 이유도 없다.

이제 인간의 욕망은 누군가에 의해 타의적으로 규제 당하거나 충족이 주어지는 것이 아니라 스스로의 이해를 바탕으로 새로운 합의를 만들어 나가야 한다. 이 책을 읽고 나면 젊은 청년들이 자신이 원하는 것이 무엇인지 어떻게 살아가야 할지를 결정하는 일에 시작 지점이 생기고 자신감을 갖게 될 것이라고 믿고 있다. 어떻게 살 것이냐는 문제는 우리가 가진 열세 가지의 욕망들 중에 무엇을 위주로 욕망하고 그 욕망을 달성하기 위해 무엇을 할 것인가를 결정하는 일이 될 것이다.

아울러 정부의 역할이 국민들의 욕망을 해결하기 위해 자원을 배분하는 일이라면 정부는 각각의 욕망에 대해 어떻게 예산을 배정하고 집행해야 할 것인지에 대한 문제도 살펴볼 것이다.

Part 02

기본
욕망

기본 욕망은 인간의 생존을 위해 반드시 충족되어야 하는 욕망들이다. 우선순위가 가장 높은 욕망이지만 전통적으로 천시받고 명예롭지 못한 욕망으로 여겨졌다. 국가의 책임 아래 충족되어야 하는 욕망들이다.

먹는 것에 대한 욕망과 성에 대한 욕망이 그것들이다.

먹는 것(의식주)에 대한 욕망

인간의 가장 기본적인 욕망이 먹는 것에 대한 욕망이다. 내 경우에 있어 인생의 가장 큰 행복이 무엇이냐고 누군가 묻는다면 매일 밥 먹는 것이다. 특히나 맛있는 음식을 먹을 때는 더욱더 행복하다. 먹는 것은 에너지를 채우는 일이고 인간이 먹는 것에 즐거움을 느끼지 않았다면 진화 과정에서 살아남을 수 없었을 것이다. 그럼에도 먹는 것이 즐겁지 않은 사람이 있다면 안타까운 일이다. 그다음 큰 행복은 잠 자는 일이다. 잘 먹고 잘 자는 일은 인간에게 가장 큰 기쁨을 주면서 매일 할 수 있어서 행복이 어렵지 않다는 것을 매일매일 체감하고 있다.

인류가 시작된 이래로 먹는 문제에서 자유로운 때는 없었을 것이다. 하루의 먹는 문제가 삶의 가장 큰 문제였고 인간의 활동 대부분이 먹는 문제를 해결하기 위한 것이었다. 그렇게 수천 년 또는 수만 년이 지났고 지금은 고도로 풍요로운 시대에 살지만 먹고사는 문제는 아직도 해결되지 않았다. 역사 이래

가장 많은 사람들이 배부르게 먹고 있지만 굶주리는 사람 또한 가장 많은 것이 현재 우리가 살아가고 있는 세계의 현실이다. 먹는 것은 가장 중요한 일임에도 가계의 생활비에서 식료품비가 차지하는 비중인 엥겔 계수는 한국을 포함한 선진국 대부분에서 10% 미만이다. 오락과 유흥을 겸하는 외식비(엥겔 계수에서 제외)를 포함해도 먹는 것으로 사용되는 비용은 가계 지출의 15%를 넘지 않는다. 엥겔 계수가 만들어진 150년 전의 독일에서 엥겔계수가 30~50% 정도 되는 사람들이 중간층을 형성하고 있었던 것에 비하면 세계적으로 엥겔계수는 많이 낮아진 편이다. 또 다른 생활의 중요 지수로는 슈바베 지수가 있다. 슈바베 지수는 가계의 소비 지출에서 주거비가 차지하는 비중을 나타내며 2019년 한국의 경우 슈바베 지수는 10% 정도이다. 주거비에는 임대료는 물론 수도광열비, 냉난방비, 상하수도 등 주거를 위한 일체의 비용이 포함되어 있다. 만일 옷에 사용되는 비용을 생활비의 5% 정도로 계산한다면 한국인의 생활비 중에서 의식주에 사용되는 비용은 25% 정도이며 오락과 유흥을 겸하는 외식비까지 포함한다 해도 30%를 넘지 않는다. 이는 인간 생활이 그만큼 풍요로워졌다는 것을 의미하는 것이기도 하지만 생존에 필요하지 않은 비용이 과다하게 사용되고 있다는 뜻이기도 하다. 의식주는 인간 생활에서 가장 기본적인 일이며 효용 가치에 있어서도 가장 크고 중요한 것임에도 생활비의 30% 이내에서의 소비로 충족시킬 수 있는 시대가 되었다는 뜻일 것이다. 또한 나머지 70%는 잉여소득이기 때문에 효용이 적은 곳이라도 얼마든지 사용될 수 있을 것이다.

생존의 의미가 인생에서 차지하는 비중을 계량화할 수는 없지만 생존을 위한 비용 30%보다는 더 클 것으로 생각되므로 인생에서 생존의 가치와 실제적인 소비에서 왜곡이 발생한다고 볼 수도 있다. 의식주에 사용되는 비용이 전체 소비에서 차지하는 비중은 최대 30% 정도이며 우리 인생에서 의식주의 중요성은 소비만을 놓고 본다면 최대 30% 정도로 평가되고 있다고 말할 수 있다. 이는 의식주의 중요성이나 가치에 비해 소비에서 왜곡이 나타난다고 말할 수 있다. 이러한 왜곡 현상이 잘못되어 있다고 말하는 것은 성급해 보인다. 일단 삶을 위한 필수 가치와 소비 사이에 왜곡이 있다는 정도로 생각해 보자. 의식주를 제외한 나머지 비용은 생활비의 70%를 차지한다. 여기에서 우리가 분모로 하는 생활비에는 주택 마련이나 노후 보장을 위한 저축은 생활비에 포함되어 있지 않다는 것은 기억해 두어야 한다. 의식주 이외의 소비인 70%의 비용은 개개인 각각의 욕망에 대응하여 필요한 경우에 지출이 된다.

지구 한쪽에서는 생존에 덜 긴박한 비용을 의식주에 소요되는 비용보다 두 배 이상 사용하고 다른 한쪽에서는 모든 생활비를 의식주에 사용해도 굶주림에서 벗어나지 못하는 것이 냉혹한 현실이다. 각각의 국가별 차별이 존재하고, 한 국가 내에서도 빈부의 차이가 심해서 이런 식의 냉혹한 현실은 어디에서도 목격될 수 있다. 칸영화제에서 황금종려상을 받은 영화 〈기생충〉은 이런 극단적인 현실을 비극적으로 보여 주고 있다. 인류 전체의 소비 행위가 총 효용을 극대화하는 방향으로 가는 것이 맞는다면, 한 개인에게 아주 작은 한계 효용만을 안겨 주는 소비는 또 다른 이웃에게 아주 높은 한계 효용을 위한 소비의 기회가 있다면 기꺼이 자신의 소비를 이웃의 높은 효용의 소비에 양보해야 한다는 결론이 나온다.

어떤 사람이 의식주(효용이 가장 큰 항목)에 충분한 소비를 할 수 없다면 의식주 소비를 채운 사람들은 의식주 이외의 소비(의식주보다는 효용이 비교적 작은 항목에 대한 소비)를 의식주 생계가 곤란한 타인에게 양보하는 것이 인류의 소비를 최적화하고 총 효용을 극대화한 효율적 소비라고 말할 수 있다는 것이다.

여기에서 몇몇 독자들은 효용의 크기를 개별적으로 측정하거나 비교하기가 어렵다는 이유로 이런 식의 접근이 경제학적으로 봤을 땐 의미가 약해진다고 말할지도 모른다. 그런 주장은 먹고사는 문제보다는 노래방에서 노래하는 것의 효용성이 더 높을 수도 있다는 주장이고 밥보다는 골프를 하는 것의 쾌락 효용이 더 높을 수도 있다는 배부른 주장이기 때문에 굳이 반박하고 싶지는 않다. 일반적으로 말한다면 의식주에 대한 욕망이 인간의 가장 중요하고 효용이 가장 큰 우선적인 욕망이라는 것에 많은 사람들이 동의하고 이에 대해서는 어렵지 않게 합의를 끌어낼 수 있다고 믿는다. 어쨌든 이런 결론에 이르렀다면 의식주는 인간의 만족을 가장 높여 주고 그 충족에 대한 효용성이 가장 높은 욕망이므로 국민에게 세금을 걷어 사용하는 정부에서 부족함이 없도록 충분히 보장하는 것이 합당하다는 생각이다. 그것은 사회적, 경제적으로 총 효용을 높이는 일이기 때문이다. 정부의 세금을 사용해야 하는 또 다른 이유는 인간이 이미 혼자서는 먹고사는 문제를 해결할 수 없는 시대이기 때문이기도 하다. 인류 초기에는 아주 어린 나이에도 먹고사는 교육을 받고 스스로 주변에서 채집 활동이 가능했지만 지극히 분업화되고 상징화된 상품을 다루는 현대에 와서는 오히려 맞물려 돌아가는 경제의 톱니바퀴에 끼어들지 못하는 경우가 생긴다. 그들은 우리 이웃일 수도 있고 우리 자식들이거나 나 자신일 수도 있다. 공동체의 일원인 이런 사람들은 공동체의 부작용으로 생기는 문제로부터 보호받아야 하며 당연한 권리로서 생존에 대한 지원을 받을 필요가 있다.

　가장 기본적인 욕망, 반드시 충족되어야 할 욕망은 세금을 걷고 사용하는 정부가 반드시 해결해야 할 첫 번째 과제이다.

　다음의 설문 조사 결과는 먹고사는 문제가 해결되면 사람들의 걱정거리가 얼마나 없어지는지, 사람들은 얼마나 행복해지는지를 보여 주고 있다. 이 책에서 나오는 설문 조사 내용들은 나이와 성별을 고려하여 직접 대면 조사 또는 SNS를 통한 설문지 작성 방법 등으로 149명의 응답자를 조사하여 나온 결과이다.

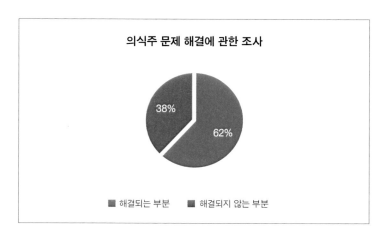

위의 설문 결과는 자신과 자녀들의 먹고사는 문제가 해결된다면 본인의 행복을 방해하는 걱정거리가 얼마나 해결될 수

있는가를 질문한 내용의 결과이다. 149명의 사람들은 먹고사는 문제가 해결되면 현재 본인들이 가지고 있는 걱정거리 중 평균 62%가량이 없어질 것이라고 답했다. 이 결과는 먹고사는 문제가 해결되면 본인들이 안고 있는 가장 큰 부분의 문제가 해결되는 것이며 행복도가 상당한 정도로 올라갈 것임을 보여 주고 있다. 이런 정도의 효용이 증대하는 것이라면 이는 당연히 정부의 예산이 투입되는 제1의 과제라고 할 수 있을 것이다.

성에 대한 욕망

성에 대한 욕망은 개인의 생존과는 관계없지만 인간의 가장 강렬한 욕망이며 종족 보존을 위해 꼭 필요한 욕망이다. 젊은 시절 성에 대한 충동으로 달아올라서 찬바람을 맞으며 밤거리를 무작정 헤맨 일이 있다. 성적 충동은 너무도 강렬해서 무슨 대가를 치르더라도 욕망을 해소하고 싶은 경우가 있다. 그래서 젊은 사람들이 성범죄로 잡혀 들어가는 모습이 TV에 나오면 때로는 당연히 일어야 할 분노 뒤에 안타까운 마음이 들기도 한다. 그 충동에 대한 강렬함을 겪어 본 사람이라면 누구나 성에 접근하기 어려운 상황이 되면 잠재적 범죄자가 될 수 있을 것이라는 생각에 식은 땀을 흘릴 수 있다.

예로부터 성은 모든 문제의 근원이라고 해도 과언이 아닐 만큼 많은 문제를 일으켰으며 역사적으로도 죄라는 개념과 가장 가까이 있는 욕망이라고 할 수 있다. 반면에 동물의 경우, 성은 때로는 목숨을 걸고 해결해야 하는 필사의 과제인 욕망이지만 은밀하지도 않고 부끄러운 일도 아니다. 성은 의식주와 마찬가지로 반드시 해결되어야 하는 인간의 기본 욕망이다. 그럼에도 역사적으로 성은 가장 불공평하게 분배되고 처리되어온 욕망이다. 소수가 성을 지나치게 과점하기도 하고, 여성의 성은 무시되었으며 어린이나 노인의 성도 차별받아 왔다. 성은 비용적으로도 비싼 대가를 치러야 한다. 소비에서 성과 관련된 비용은 곳곳에 숨어 있다. 성과 관련된 비용은 외식비에 숨어 있고 때로는 의복비, 화장품비, 숙박비 등 수없이 많은 소비에 요소마다 숨어 있다. 그중에 얼마만큼이 성적 욕망과 연관되어 있는지를 계량화하기는 어렵지만 결코 적지 않은 비용일 것이다. 성은 배고플 때 밥을 먹는 것과 마찬가지로 충분히 충족되어야 한다. 충족되지 않으면 고통이 뒤따르기 때문이다. 인류의 역사를 통해 성적 자원은 한정되어 있었고 늘 수요에 비해 공급이 부족했고 수요에 대한 공급의 탄력성이 너무도 작아 가장 엄격한 규제를 받아 왔다. 인류의 문명이 고도로 성장하고 생산력이 비약적으로 발전했지만 먹고사는 문제를 해결하지 못했듯이 인간의 성적 욕망 역시 독점과 차별 그리고 돈과 범죄로 둘러싸여 지속적으로 문제화되어 있다. 성의 효용이 의식주와 같이 왜곡되어져 있다는 의미이다. 지금 사람들의 성은 본래의 욕망과는 다르게 지나치게 많은 것과 연결되어 있다. 임의의 A와 B의 성적 행동에 대한 예를 들어 보자.

A는 B에게 호감을 느꼈다

그러나 A는 마음속으로 B와 성행위를 하고 싶다는 생각을 하지는 않는다. A가 바로 성을 생각하면 A의 사고가 음란하다고 여겨지기 쉽다. 그 때문에 A 스스로도 성보다는 호감이라는 세련되고 사회적으로 용인된 단어로 생각한다.

A는 B에게 만남을 요청한다. 이때 B는 거절할 수 있기 때문에 A는 신중한 접근이 필요하다.

B가 만남을 수락한다. B는 A와 성행위를 해도 좋을지 살펴보겠다는 생각은 하지 않는다. 단지 B는 A에게 호감을 느낄 수 있는지 알아보고 싶을 뿐이라고 생각한다.

A와 B는 밥을 먹고 대화하며 서로의 신상을 파악하고 서로가 안전한 존재인지 확인한다.

A와 B는 거듭된 만남을 통해 상대방의 가정이나 배경, 서로의 능력 등을 살펴본다.

A와 B는 술을 먹고 마음을 이완시킨다.

A와 B는 가벼운 스킨십을 하고 서로의 체취를 느껴 본다.

A와 B는 이 느낌이 사랑이라는 것을 서로에게 확인시킨다.

A와 B가 성행위를 한다.

A와 B는 성행위 이후 이전과는 전혀 다른 관계가 된다.

첫 만남에서 성행위에 이르는 기간은 세대에 따라 다르고 단계의 단순성과 복잡성도 다양하지만 기본적인 과정과 절차에 적잖은 시간이 필요한 것이 사실이다. 남녀간 만남에서 본래의 욕망이 성행위라고 말하는 것은 점잖고 예의 있는 사람들 사이에서는 천박하다고 비난받을 수 있다.

성에 대해서는 이렇게 복잡한 절차와는 별도로 많은 장애물이 있다.

성년이 되기 전에 성에 접근하는 것은 아주 위험한 것으로 인식되어 있다. 청소년들의 성은 은밀하고 그들만의 코드가 생성되며 불건전한 인식하에서 행해지고 있다. 가장 성적 욕망이 강렬한 때가 청소년 시기임에도 청소년들은 성에 대한 접근권을 과도하게 제한받고 있고 그들의 욕망은 억압당하고 있다. 최근에는 한 편의점에서 청소년들에게 콘돔을 팔지 않겠다는 공고문을 붙여서 그에 반발한 한 청소년이 이에 반대하는 대자보를 붙인 적이 있다. 이런 억눌린 분위기에서 청소년들은 범죄자가 되고 우울증에 걸리고 죄책감에 시달리게 될 수 있다. 청소년들의 성이 억압당하는 것은 이른 시기에 성에 접근하는 것이 청소년들에게 나쁜 작용을 하기 때문이 아니다. 그것은 성적 권력 자체가 성인 남성에게 유리하도록 오래전에 설계된 문화 환경 때문이다. 특히 가족 내에서는 아버지에게 모든 성적 권력이 과도하게 쏠려 있어서 청소년들의 성이 제한되었던 것이다. 이것은 어느 시대 어느 문화권에서도 대체로 비슷한 상황이었다. 가정이 보수적인 색채를 벗어버리고는 있지만 아직도 청소년의 성에 대해서는 일방적이고 금기적인 문화가 여전히 남아 있다.

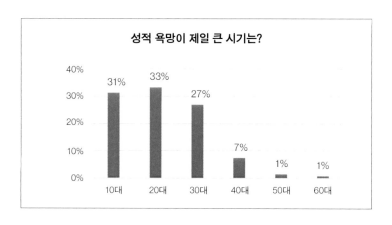

성적 욕망이 제일 큰 시기는?

149명의 설문조사에 의하면 성적 욕망이 가장 큰 시기는 10대와 20대이다. 이는 남녀의 차이 없이 비슷한 수치를 보여 준다. 사춘기 시기인 10대 때는 태아로 있을 때를 제외하고는 생애 중에 성호르몬이 가장 왕성하게 분비되는 때이기 때문에 성적 욕망이 가장 클 것이지만 억눌려진 성 환경 때문에 20대가 보다 높게 나온 것으로 추정된다. 분명한 것은 성적 욕망이 가장 왕성한 시기에 성적 욕망의 실현을 전적으로 부정당하고 있다는 사실이다.

많이 개선되었다고는 하지만 여성의 성은 아직도 불건전한 것으로 인식되는 경우가 종종 있고 특히 한국 사회에서는 여성의 성적 욕망 표현은 수동적인 것이 예의에 맞는다는 생각이 오랫동안 잠재되어 있었다. 실제로 여성의 성적 욕망은 남성과 다를 바 없고 남성들과 마찬가지로 성적 욕망의 크기는 개인적인 차이가 있을 뿐이다. 그럼에도 이 사회에서는 여성들이 성적 욕구를 자연스럽게 표출하는 것에 대해 대단히 부정적이고 만일 그런 욕구를 공공연히 표출하는 여성이 있다면 값싼 여자, 음란한 여자, 섹스만 아는 여자로 매도당하기 쉽다. 여성들이 자신들의 욕망을 은밀하고 조심스러운 상황에서 간접적으로 표현해야 하는 문화 때문에 성에 대한 욕구 불만은 남성들보다는 여성들에게 훨씬 크게 감춰져 있다. 결혼 전이든 결혼 후이든 성적 불만이 있는 여성들이 성적 욕망을 제대로 실현하기 위해서는 탈선을 하거나 비난을 감수해야 하고, 심지어 가정을 깨거나, 위험한 상황에 노출될 수 있다. 이미 내용적으로 결혼 생활이 파탄이 나서 가정 내에서 성적 욕망 충족이 불가하더라도 여성들이 외부에서 양성적이고 쾌적한 상태에서 성적 욕망을 충족하는 것은 대단히 어렵고 제한적이다. 청소년들과 마찬가지로 여성들은 우울증과 죄책감에 더 쉽게 노출되고 고통받게 된다. 매일 수십만 명의 여성들이 누가 될지도 모를 막연한 만남을 기대하며 어두운 조명의 성인 나이트클럽으로 향하는 일이 한국에서 계속되고 있다.

노인들의 성은 부끄럽고 추접스럽다는 인식을 가진 이들도 있다. 이들은 한쪽 배우자를 잃으면 성적 욕망을 거의 포기해야만 한다. 실제로 대부분의 노인들은 성적 욕망에 있어 젊은 사람들과 정도의 차이만 있을 뿐 평생을 그 욕망을 유지하며 살아간다.

청소년이나 여성, 노인만이 아니라 하층 계급의 사람들이나 신체적 장애를 가진 사람들도 역사의 발전 과정에서 성적 자원 배분, 성적 행위 절차 등과 관련하여 지극히 자의적이고, 편중되어 있고 왜곡되어 있는 문화에서 고통받아 왔으며 억압받았고 그렇게 죽어 갔다.

현대 사회가 의식주 문제를 해결하지 못하고 효용을 왜곡하듯이 성적 욕망의 해소에 관한 문제도 해결하지 못했다. 문명이란 것이 무엇인지, 과학이 발전했다는 것이 무엇인지 의문이 들 일이다. 2016년 우리는 "세계보건기구(WHO)가 적절한 성관계 파트너를 찾을 수 없는 사람들을 '장애인'으로 분류한다는 계획을 세웠다"라는 뉴스를 들었다.

영국 매체 《익스프레스》도 비슷한 시기에 "WHO가 모든 개인에게 '번식의 권리'를 부여하기 위한 취지로 이 같은 규칙을 창안했다"고 보도했다.

이에 따라 적절한 성관계 파트너를 찾지 못하거나 자녀를 가질 수 있는 종류의 성적 관계를 맺지 못하는 사람들은 '장애인'으로 분류된다. WHO는 번식에 대한 권리를 부여하기 위한 것이 주목적이지만 성적인 접촉을 하지 못하는 상태를 병적이며 치료되어야 할 상황으로 규정하려고 시도한 것은 사실이다.

성적 욕구에 대한 해결책이 있을까? 완벽하지는 않지만 다음과 같은 생각을 해 볼 수 있다.

1. 성에 대한 권리(인권 선언과 유사한)를 선언한다.
2. 누구나 성을 접근할 수 있는 국가 시설을 설치한다.
3. 그 국가 시설의 이름을 가칭 '사랑청'으로 이름한다.
4. 사랑청은 국가 공무원들이 근무하며, 자원봉사자 등도 같이 일할 수 있으며 군대 복무를 대신하는 남녀 공익 근무자들도 신청할 수 있다.
5. 나이와 관계없이 건강한 남녀로 구성된 사랑청 공무원들은 국민들의 성적 욕구를 해결해 주는 역할을 하고 국민들은 나이와 성별, 직업에 관계없이 누구나 필요할 때 사랑청을 방문하여 성적 욕망을 해소할 수 있다.
6. 사랑청을 이용하는 사람들은 사랑청에서 근무하는 전문 상담의와 성과 관련된 상담을 하며 전문의는 사랑청 이용에 대한 운영에 실질적으로 관여하며 상담 등을 통해 성적 욕망의 해결에 도움이 되는 의료 자문을

준다. 또한 당사자가 원하는 경우 성적 욕망을 조절하
기 위한 약물을 처방할 수도 있다.

7. 사랑청은 국가 기관이지만 지방자치단체와 협력하여
자치단체별로 설립할 수 있으며 사랑청 공무원들은 품
위와 명예를 최고 수준으로 유지할 수 있도록 사회적·
법적 모든 방법으로 국가의 지원을 받는다.

8. 사랑청은 국가의 재정과 기부금으로 운영되며 모든 국
민은 무료로 이용할 수 있다.

9. 사랑청과 유사한 형태이면서 영리 목적의 사설 기업은
허용되지 않으며 사랑청은 국가의 관리하에 명예롭고
쾌적하게 운영되어야 한다.

10. 국가는 섹스 로봇 등의 산업 발전으로 기존의 사랑청
공무원들의 명예와 일자리가 위협되지 않도록 균형
을 유지해야 한다.

사랑청의 설립으로 국민들의 성적 행복이 높아지고 성범죄
가 사라지게 되며 서비스 이용자들의 행복 지수가 올라가고
명예로운 일자리가 늘어나 경제적인 측면에서도 도움이 될 것
으로 기대한다. 사랑청 설치로 청소년, 여성, 노인은 물론 그
동안 경제적 궁핍과 외모적 차별 등으로 성적 욕망의 처리에

서 약자로 지내온 많은 사람들이 혜택을 받게 될 것이다. 역사 이래로 억눌려 왔던 성적 욕망의 해방과 충족은 의식주와 동등한 기준으로 국가에서 반드시 해결해야 한다. 물론 기존 성적 욕망 해결의 유용한 수단이었던 결혼 제도는 상당 기간 계속 유지될 것이다. 사랑청 운영에 있어 성적 욕망만이 강조되기 때문에 사랑이라는 아름다운 욕망에 단지 성적인 면만이 노출된다고 불쾌하게 생각하는 사람들도 있을 것이다.

또한 사랑하지도 않는 사람과 성적 관계를 맺는 것에서 어떤 충족을 얻을 수 있겠느냐는 비판이 있을 수 있다. 원하지도 않는 불특정 다수의 성적 관계를 맺어 주는 것이 임무인 사랑청 공무원들의 고통을 무시한 행정이라는 비판을 받을 수도 있겠다. 사랑청의 성적 서비스 이외의 더 좋은 방법으로 성적 욕구를 충족할 수 있다면 사랑청에서는 더 좋은 방법을 적용해야 할 것이다.

그러나 사랑, 특히 남녀 간의 사랑이란 하나로 분류되기 어려운 복잡한 욕망의 산물이다. 즉, 성에 대한 욕망, 함께하고 싶은 욕망, 인정받고 싶은 욕망 등이 결합된 것이다. 현재 사랑이라고 우리가 부르는 것은 단일한 것이 아니고 여러 가지의 욕망들이 결합된 것으로 특히나 문화적인 산물이다. 일부일처제의 문화 정착 과정에서 오늘날과 같이 두 사람이 영원히 함께하기 원하는 마음을 '사랑'이라는 단어로 표현한다. 다른 결혼 문화가 있었다면 사랑은 다른 모습으로 표현되었을 것이다. 사랑이라는 개념에서 함께하고 싶은 욕망, 인정받고 싶은 욕망을 떼어내면 성적 욕망이 남으며 정부가 우선적으로 지원해야 하는 것은 성적 욕망에 관한 부분이다. 사랑이라는 복합적인 개념은 정부에서 지원할 문제가 아니라는 것에 누구나 공감할 수 있다. 남녀 간의 사랑이 단일하게 보호받아야 할 기본 욕망으로 분류되지 않은 것은 사랑이 복합적인 욕망의 산물이고 특히나 문화적 개념이기 때문이다. 따라서 사랑은 성적 욕망과는 구분할 필요가 있다. 사랑은 성적 욕망을 충족하는 과정에서 반드시 필요한 것이 아니며 사랑하면서 성적 욕망을 충족한다면 더 큰 쾌감을 얻을 수 있지만 이는 정부가 지원할 수 있는 기준을 뛰어 넘는 것이다. 성적 욕망은 법적, 종교적, 도덕적, 문화적 판단 기준이 될 필요가 없는 것이며 숨을 쉬고 밥을 먹고 잠을 자듯 필요한 일을 하는 것이다. 기존의 문화적 시선으로 사랑청을 사창가나 국가가 허용하는 공창과 같이 천박한 문화의 상징어로 기능해 온 관념들과 연결하는 것은 아직도 욕망에 불순한 것을 덧씌운 효과가 작용하는 것임에 틀림없다. 외식을 나온 가족들이 식사를 하고 다 함께 사랑청을 방문하여 국가의 서비스를 받고 즐거운 마음으로 집으로 향하는 것을 기대한다는 것은 지금 시점으로는 쉬운 일이 아닐지 모르지만 왜곡 없는 사회에서는 정상적이고 평화로운 모습으로 그려질 수 있다고 생각한다. 사랑청 공무원들이 어떻게 명예를 유지하고 기꺼운 마음으로 근무할 수 있을 것인가에 대한 것은 여기에서 다루어지지 않았다. 아울러 사랑청 운영의 많은 문제점들을 어떻게 극복할 것인가에 관한 대안들도 제시하지 않았다. 그것은 유능한 공무원들의 몫으로 남겨 두고자 한다. 여기서는 인간의 욕망을 다루고 그 욕망 중에서도 가장 중요한 성적 욕망이 부끄럽고 죄스러운 어두움 속에 갇혀 있는 상황을 해결하여 행복을 찾는 방안들을 시도하는 것이다. 그럼에도 사랑청보다 더 좋은 방법들이 나올 수 있다고 믿는다.

Part 03

자제
욕망

인간의 모든 욕망은 생존을 위해서나 행복을 위해 반드시 필요한 것들만을 향하고 있다. 그러나 반드시 필요한 욕망들 중에서 사람들이 필요 이상 과도하게 집착하는 경향이 있어 자제가 요구되는 욕망들이 있는데 그것을 자제 욕망이라고 하며 이는 내리사랑에 대한 욕망, 권리에 대한 욕망 그리고 항상성 유지에 대한 욕망 세 가지를 포함한다.

내리사랑에 대한 욕망

부모가 자식을 아끼는 내리사랑은 인간의 가장 아름다운 모습 중 하나일 것이다. 형이 동생을 사랑하고 윗사람이 아랫사람을 사랑하는 내리사랑이 있지만 이 장에서 언급되는 내리사랑은 부모와 자식의 관계에 대한 내리사랑만을 의미하는 것으로 한정되어 사용될 것이다.

내리사랑은 인류의 오랜 욕망 중에서 인류 종족 보존을 위해 헌신되어 온 가장 고귀한 욕망이다. 그 무엇으로도 내리사랑의 아름다움을 깎아내릴 수는 없을 것이다. 그럼에도 필요하지만 자제되거나 줄여야 할 욕망으로서 내리사랑을 지목하는 이유는 무엇인가? 그 욕망의 끝이 좋지 않기 때문이다.

나의 어머니는 자식에 대해 헌신하셨던 분이었다. 작은 체구에 건강하지 못한 몸으로 자식을 위해 무엇이든 하셨다. 어렸을 적에 나는 그분의 사랑에 보답하는 것을 인생의 가장 중요한 일로 삼을 것을 다짐하곤 했다. 아버지는 인생을 즐겁게 사셨다. 사업적으로 성공을 거두지는 못했지만 크게 부족하지도 않았고 늘 주위에 베풀고 사셨다. 아버지는 자식들에게 따뜻하셨지만 한정된 관계를 유지하셨고 당신의 인생을 즐겁게 사셨다. 아버지는 여기저기에서 사랑을 하셨고 어머니는 어린 우리에게 아버지의 바람기에 대해 자주 하소연하셨으며 남편과의 관계는 거의 포기하셨던 듯하다.

아버지의 즐거운 모습과 어머니의 어두운 모습에서 어머니께 잘해드리고 싶다는 마음은 당연한 것이었다. 그런데 대학에 진학하고 성인이 되면서 어머니의 어두운 모습이 점점 부담스러워졌다. 어쩔 수 없었던 어머니의 삶은 아쉬움이 많이 남는다. 아버지는 인생을 즐겁게 사셨다. 아버지는 자식들을 경제적으로, 정서적으로 지원했지만 자신의 행복을 좇았고 이웃들과는 조금 있는 것이라도 나누면서 사셨다. 인생 대부분의 기간에 아버지는 행복하셨고 어머니는 불행하셨다. 아버지는 아버지의 행복이 제일 중요했고, 어머니는 자식들과 자신을 동일화시키고 행복이 무엇인지도 모르고 자식들을 위해 헌신하셨다.

이제 부모가 된 나의 세대는 더 이상 자식들만을 바라보며 살지는 않는다. 한국에서 대부분의 부모들은 혹시라도 자식들에게 부담을 주게 될까 걱정하고 있다. 이것은 그 전 세대의 부모님께 받았고 지금도 받고 있는 부담감을 우리 세대가 기억하고 있기 때문이기도 하다. 아무리 많은 사랑을 받아 왔어도 길러 주신 부모가 늙고 우리에게 부양 의무가 생기면 어쩔 수 없는 부담감을 피할 수 없다. 지금 돌이켜보면 역설적으로 아버지께 고마운 마음이 든다. 아버지가 행복하게 살다 가셨다는 것이 큰 위안이 된다. 반대로 어머니께는 죄송하지만 어머니의 희생적 삶은 어머니가 돌아가신 이후에도 내내 부담이 된다. 그 당시 교육을 받지 못하고 지혜롭지도 않으며 경제적 능력도 없는 여성에게 남편의 불륜까지 더해져 어머니가 받았을 고통과 배신의 충격을 충분히 이해하면서도 어머니가 불행한 삶을 사셨다는 사실이 자식으로서 안타깝고 슬프고 내 삶을 짓누르는 것으로 다가올 때가 있다.

어려서는 어머니를 힘들게 한 아버지가 원망스러웠으나 지금은 그렇게 힘들게 살다 가신 어머니가 더 원망스러운 것은 나이가 들어가면서 생기는 세월의 아이러니 같다. 어머니가 웃는 모습을, 행복한 모습을 더 많이 볼 수 있었다면 얼마나 좋았을까 하는 생각을 하게 된다. 내가 성인이 된 이후에는 부모님이 화해하고 두 분의 삶을 살아가도록 충언을 드렸으나 어머니는 이미 너무 상처를 받으셔서 끝내 우울함을 안고 돌아가셨다.

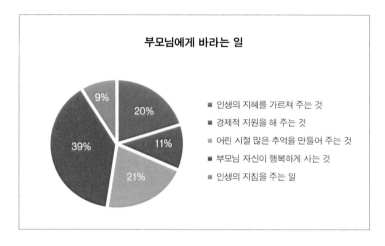

149명의 설문 응답자들 중 제일 많은 39%의 사람들이 부모에게 가장 바라는 일은 부모님 자신이 행복하게 사는 일이라고 답했다. 부모 스스로가 행복하게 사는 것이 자식을 위하는 일이다. 아이들의 행복을 위해 스스로의 행복을 저버리게 된다면 아이들도 행복해질 수 없고 부모 자신들을 위해서도 바람직하지 않은 선택이다.

내리사랑의 욕망이 불행을 가져오는 일은 점점 줄어들고 있지만 아직도 인간의 행복을 저해하는 가장 위험한 욕망 중 하나임에 분명하다. 다음과 같은 것들이 그런 예들이다.

어떻게 사는 것이 좋은 것인지 스스로는 단 한 번도 생각해 본 적도 없으면서 자식들에게 좋다는 것은 무작정 다 해 주고 싶어 하기, 자녀들 간의 관계를 원수로 만들 수 있는 재산 물려주기, 군대 간 자식들의 일상까지 간섭하며 자녀들의 고된 도전을 방해하기, 외국어 공부를 위해 처자식을 해외로 보내고 기러기 아빠로 지내면서 우울증에 걸리기, 결혼하는 자녀들의 집 마련을 위해 살고 있는 집을 팔기, 생활비도 받지 않고 나이 많은 자녀들을 데리고 있기.

자식은 성인이 되면 남이고 이익 관계가 엇갈리는 타인이다. 부모와 자식은 좋은 이웃이고 친구로 지낼 수 있다면 바람직한 일이지만 가능하다면 금전 관계는 삼가야 옳다.

우리나라에서 재벌 부모를 둔 형제가 원수로 지내지 않는 경우가 드물고 재벌 총수들이 자식들에게 편법적인 증여를 하려다 검찰 조사를 받거나 감옥에 갔다 온 사례가 너무도 많다. 자식들에 대한 과도한 내리사랑은 있는 집과 없는 집을 가리지 않고 큰 피해가 되고 있다.

그렇다면 젊은 층들이 부모 세대의 도움 없이 스스로 일어서서 자신의 일을 계획할 수 있는 여건이 되어 있을까? 그런 여건이 충분하지 않다면 대안은 무엇인가?

실제로 우리 자식 세대를 책임져야 하는 것은 현 시점에서 국가다. 한국의 경우 정부는 국내 총 생산의 25% 정도를 세금으로 걸어 예산으로 사용한다. 2019년 한국의 정부 예산은

469조 원으로 국민 일인당 9백만 원(약 미화 8천 달러) 이상의 세금을 부담하고 있다. 한국 국민들이 부담하는 1인당 세액 8천 달러는 어지간한 중진국의 1인당 GDP를 뛰어넘는 큰 액수이다. 게다가 일본이나 프랑스 등의 선진 국가들은 2017년 기준 GDP 대비 예산액의 비율이 40%를 넘어선다. 따라서 한국 정부의 예산은 기존 예산 대비 50% 이상(GDP 대비 12.5%포인트 이상) 증액해도 감당할 여유가 있다는 산술적 계산을 보여 주고 있다. 결론적으로 한국에서 정부는 국민들의 의식주 전부를 해결하고도 남을 충분한 금액의 세수를 확보하고 있으며 그 이상 확보할 수 있다는 의미다.

정부의 세금을 어떻게 이용할 것인지에 대한 새로운 합의가 필요하다. 정부의 예산은 국민의 총 효용이 가장 높게 단위 비용 대한 한계 효용이 가장 높은 곳에 우선 배정되도록 해야 한다. 그렇다면 단위 비용에 대한 한계 효용이 가장 높은 식욕(넓게는 의식주에 대한 욕구)과 성욕 해결을 위한 비용(사랑청 운영 비용)에 1차적으로 예산을 배정해야만 할 것이다. 그래야 기본적인 생활에 대한 우려가 없어지고, 기본적인 생활에 대한 우려가 없어야 젊은 세대가 자기 삶을 계획을 해 나갈 수 있다. 스스로 자기 삶을 계획한다는 것은 자신이 좋아하는 것을 정하고 어떻게 살 것인지를 정하는 것이다. 어떻게 살 것인가를 정할 때에 먹고살 걱정을 한다면 최선의 선택을 할 수 없을 것이다.

　개인과 사회를 멍들게 하는 내리사랑에 대한 욕망은 자제될 필요가 있다. 내리사랑 욕망이 효과적으로 제어되기 위해서는 청년들의 기본 욕구를 해결하기 위한 예산 정책이 중요하다. 자녀들이 기본 욕구를 충족할 수 있다면 부모들이 자녀들에게 부를 대물림하려고 자신의 인생을 망치거나 탈법을 무릅쓰는 일은 상당 부분 줄어들 것이다. 일차적 욕망들을 해결하기 위해 정부가 예산을 투입하는 것을 두고 공산주의식 퍼주기 복지 예산이라고 비난하는 일은 스스로를 옥죄는 바보 같은 일임을 기억해야만 한다. 먼저 의식이 깨어나야 한다.

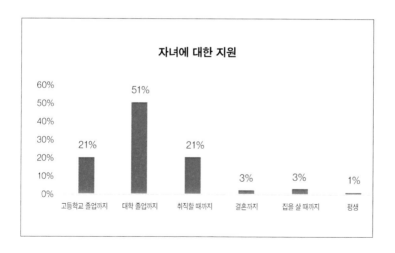

149명의 설문자들 중 72%의 사람들이 자식들에 대한 경제적 지원은 고등학교 또는 대학까지만 하는 것이 옳다고 생각하는 것으로 나타났다. 10대 설문자들도 40대나 50대 설문자들과 비슷한 응답을 했다는 점을 기억해 둘 필요가 있다.

인정에 대한 욕망에 가장 큰 비용이 사용되는 선진 사회의 경우와 달리 한국의 경우 비용 규모가 가장 큰 것은 내리사랑에 대한 욕망 충족이다. 내리사랑에 대한 욕망을 자제하면 인생은 훨씬 행복해질 수 있다.

권리에 대한 욕망

권리에 대한 욕망이란 자신의 이익을 지키고자 하는 욕망이다. 이는 돈에 관한 욕망일 수도 있고 권력에 대한 욕망일 수도 있다. 인간의 탐욕, 끝없는 욕심 등을 말하는 경우는 권리에 대한 욕망을 말하는 것이라고 보아도 벗어남이 없을 것이다. 인간이 자신의 물질적 또는 정치적 권리를 키우고자 하는 것은 생존을 위해 당연히 필요하고 권장되어야 할 일이다. 다만 한정된 자원을 운영하는 사회 내에서 권리에 대한 과도한 욕망은 사람들을 파멸로 이끌게 된다. 더 본질적인 문제는 권리에 대한 욕망 자체에 있다. 사람들은 가진 것이 아무리 많아도 더 많이 가지길 원하며 더 많이 가진 사람들일수록 더 많이 원하게 되는데 이것이 권리에 대한 욕망의 속성이다. 일정한 범위를 넘어선 물질은 사람들에게 행복이나 효용을 증가시키지 못하며 일정한 범위를 넘어선 권력도 사람들에게 행복이나 효용을 증가시키지 못한다. 다른 사람들보다 권력이나 재물을 수만 배 이상 가지고 있는 왕족이나 재벌들이 평범한 사람들보다 더 행복하기도 쉽지는 않지만 가진 것에 비례해 수만 배 이상 더 행복하다고 말할 수 있는 사람은 아무도 없다. 필요한 것보다 훨씬 많이 가진 사람들이 가진 것으로 효용을 증가시킬 수 없는 반면 물질이나 권력 자원의 패배자들은 꼭 필요한 자원을 소비할 수 없어 고통을 겪게 된다. 많이 가져도 사회적 효용을 증가시키기 어려운 것들을 추구하는 과정에서 피해자들이 생겨나기 때문에 권리에 대한 욕망은 과도하게 추구되어서는 안 된다.

권리에 대한 욕망으로 인한 자원의 낭비 사례를 살펴보자. 뉴질랜드로 여행을 가는 사람이 있다고 하자.

O 20대의 청년인 A는 경유해서 가는 비행기를 이용하기로 하고 70만 원에 저가 항공권을 구입하여 즐거운 여행을 하였다.

O 50대의 장년인 B는 직항 비행기 비즈니스 좌석 이용권을 420만 원에 구입하고 즐거운 여행을 하였다.

둘이 동일한 곳으로 여행을 하였고 즐거운 시간을 보냈다. 이 경우 여섯 배의 비용을 더 쓴 B의 즐거움이나 효용이 A의 즐거움이나 효용보다 더 컸을 것이라고 단정적으로 말하기는 쉽지 않다. 더구나 B의 즐거움이나 효용이 A의 즐거움이나 효용의 여섯 배 정도라고 말하기는 더욱 어렵다. 사회적으로는 B 한 사람이 사용한 비용으로 A와 같은 20대 청년 여섯 명이 뉴질랜드를 다녀오도록 하는 것이 총 효용을 더 높이는 방법이라고 추정할 수 있다. 물론 이런 효용을 각각이 계량화하기는 참으로 어렵다. 그렇다 하더라도 사회적으로 여섯 사람의 비용으로 한 사람이 편안한 여행을 하는 것에 대한 효용이 더 클 수도 있다고 주장하는 것은 질적인 것에 대한 계량화의 어려움을 이용한 궤변이라고 말하겠다.

또 다른 예를 들어 보자.

○ A는 한 병에 1만 원인 포도주를 마시며 행복한 저녁을 보냈다.
○ B는 한 병에 1천만 원인 수입 포도주를 마시며 행복한 저녁을 보냈다.

B의 행복이 A의 행복에 비해 1천 배 더 크다고 말할 수 없다. 동일한 조건에서 포도주의 가격만 다른 것이었다면 2배 또는 3~4배라면 모를까 1천 배까지 차이를 확대할 수 없다.

여기에서 B의 효용이 1천 배가 안 된다고 주장하는 것은 나의 주장일 뿐이라는 것은 분명히 해 두겠다. 누군가가 보통 사람 1천 명이 각각 1만 원짜리 포도주를 1병씩 마시는 것보다 한 사람이 1천 배 고가의 포도주 1병을 마시는 것이 효용이 더 크고 돈을 제대로 사용하는 것이라고 주장한다면 그를 납득시킬 명쾌한 논리가 내게는 없다는 점도 고백해 둔다.

　한자리에서 1명이 1만 원짜리 포도주 1,000병을 마신다면 1천 명이 1만 원짜리 포도주 각각 한 병 씩을 마신 것의 효용보다 훨씬 더 작은 효용을 만들거나 역효용을 낼 것이라는 것이 명확하다. 이것은 한계 효용의 법칙에 정확히 맞아 들어가지만 고가의 포도주의 경우라면 이에 대한 효용을 측정하는 명확한 방법은 없다. 그래서 질적인 것의 계량화에 대한 어려움을 이용해 궤변을 부리지 말라는 정서적 호소를 독자들이 이해할 수 있다고 믿는다. 이것은 1천만 원 하는 자동차 1백 대를 1백 명이 사용하는 것의 효용과 그 1백 배의 가격인 10억 원 하는 자동차 1대를 사용하는 효용의 관계와 동일한 의미를 가진다. 자동차를 가지지 않은 사람에게 저가의 차를 갖는 것과 1백 배의 가격인 고가 승용차를 갖는 것의 효용은 차이가 있을 수 있겠지만 고가의 승용차가 1백 배의 행복을 가져다준다고 말할 수 없을 것이다.

　소수에 의한 부의 과다한 사용은 한계 효용의 법칙에 의해 효용이 체감되므로 사회적 총 효용을 늘릴 수 없으며 또한 질적인 효용을 얘기한다는 것도 합리적인 사회의 동의를 받기 어려운 궤변이다. 돈이나 권력을 과도하게 사용하는 경우 사람들의 만족감이 무한히 증가될 수 없을 뿐 아니라 사회적 총 효용은 낭비적 소비로 인해 오히려 줄어든다는 결론을 얻게 된다.

돈이란 물질과 권력의 권리에 대한 등가물로 작용하기 때문에 결국 권리에 대한 욕망은 채우기 어려운 구멍 난 양동이와 같은 것이다. 이에 대한 하나의 유명한 실증적 사례가 있다.

소득과 행복(효용)에 대한 연구가 20세기 중반에 있었다. 미국의 경제사학자 리처드 이스털린 교수의 설문 조사와 연구의 결과에 따르면 인간의 행복 지수는 소득의 크기와 비례하여 상승했지만 일정 수준의 소득이 넘으면 소득의 상승분에 비례하는 만큼 행복(효용)이 증가하지 않았다. 여기서 일정 수준의 소득이란 사회적 환경에 따라 다르게 책정될 수 있다. 우리나라의 경우 월 가계 소득 400~500만 원 정도로 연구된 기사가 있었다. 이런 일정액의 소득이 넘으면 소득 급격하게 늘어나도 행복(효용)은 완만하게 증가할 뿐이며 때로는 감소하는 경우도 있었다. 이렇게 '일정한 소득이 넘어 기본적인 욕구가 충족되면 소득이 증가해도 더 이상 행복은 증가되지 않는 현상'을 '이스털린의 역설'이라고 부른다.

오래전 한 연구에 따르면 미국 외의 나라에서 인당 소득이 1만 달러를 넘으면 소득이 10% 증가함에 따라 만족도는 0.1% 정도 증가하는 것으로 조사되었다.

그럼에도 불구하고 인간이 권리에 대한 욕망을 과다하게 가지는 것은 욕망에 대한 잘못된 이해 때문이다. 효용이나 만족은 소비의 수준에서 결정되는 것이 아니라 변화의 정도에 의존한다는 것을 이해하려 하지 않기 때문이다. 또한 욕망을 줄이면 효용이나 행복이 증가한다는 평범한 진리를 아무리 말해도 믿지 못하기 때문이다.

어떤 가상 국가의 계층별 자원 배분과 행복도에 관한 다음의 사례를 살펴보자.

1. 전체 인구의 상위 10%인 A부분의 사람들은 150의 자원을 가지고 있고 그들의 행복 합은 100이다.
2. 전체 인구의 중위 30%인 B부분의 사람들은 150의 자원을 가지고 있으며 그들의 행복의 합은 200이다.
3. 전체 인구의 하위 60%인 C부분의 사람들은 150의 자원을 가지고 있으며 그들의 행복 합은 300이다.

A계층은 150의 자원을 가지고 있으며 행복의 합은 100이므로 단위 자원 대비 행복 산출 효율은 0.67(100/150) 정도이다.

B계층은 150의 자원을 가지고 있으며 행복의 합은 200이므로 단위 자원 대비 행복 산출 효율은 1.33(200/150) 정도이다.

C계층은 150의 자원을 가지고 있으며 행복의 합은 300이므로 단위 자원 대비 행복 산출 효율은 2(300/150) 정도이다.

최상위 계층인 A계층의 개인별 행복도는 B계층 개인별 행복도보다 높고, B계층의 개인별 행복도는 C계층 개인별 행복도보다 높지만 상위 소득 계층일수록 1단위의 자원을 가지고 만들어 낼 수 있는 행복 정도를 나타내는 행복 산출 효율은 하위 계층에 비해 아주 낮은 것으로 나타난다.

이 국가는 자원을 효율적으로 배분하지 못하는 나라이며 사회 전체의 행복 지수도 낮게 유지될 수밖에 없다.

사회적 효용을 높이려면 소득의 재분배가 필요하다. 국가 예산을 단위당 비용에 대한 효용(한계 효용)이 높은 젊은 층들에게 우선적으로 배분해야 하며 특히 효용이 높은 욕망들(먹는 욕망, 성적 욕망)을 지지하는 데 일차적으로 사용해야 한다.

예산의 사용 중에서 고통을 연장하는 비용은 과감하게 줄여야 한다. 삶이 이미 힘겨운 사람들이나 치매로 본인이나 타인에게 고통을 야기하는 경우도 있다. 이 경우 이들에게 사용되는 비용은 사회의 효용이나 행복을 증대시키기보다는 오히려 효용을 감소하게 만들거나 적어도 효용의 증대에 도움이 되지 않는 경우가 있다. 젊은이들은 채워지지 않는 욕망으로 괴로워하고 있는데 그들의 욕망을 채워 주기보다는 사회적 고통을 연장하는 데에 더 많은 비용이 사용되고 있다면 행복한 사회는 요원할 것이다. 자발적 안락사를 활성화하여 고통의 유지에 의미 없는 비용이 사용되는 것을 막아야 할 것이다.

다음은 자발적 안락사에 대한 149명의 설문 조사의 결과이다.

"당신은 건강의 문제로 스스로의 삶이 너무 힘들거나, 치매 등으로 주위에 피해를 줄 우려가 있는 경우에, 당신의 자발적 의사를 전제로 정부가 의료적으로 당신의 편안한 죽음을 지원한다면 이 정책에 찬성하시겠습니까?"

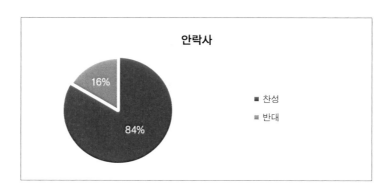

보기와 같이 84%의 사람들이 안락사에 대해 찬성하고 있다. 조사 결과 자발적 안락사는 남녀의 차이나 세대별 차이가 발견되지 않고 고르게 높은 찬성을 나타냈다.

삶보다는 죽음이 편한 사람을 죽을 수 없게 하고, 고통을 끝내기를 원하는 사람들에게 지속적 약물 투여를 통해 감옥 같은 육체 속에 가두는 문화가 문명이라는 개념으로 또는 생명 존중이라는 지엄한 이념으로 이루어지고 있다. 사회 전체의 고통을 증가시키고 총 효용을 감소시키는 일에 천문학적인 예산이 집행되는 현실을 어떻게 받아들일 것인가?

친한 친구가 있는데 어머니가 몸이 안 좋으셔서 돌아가실 날을 기다리고 있었다. 연세도 많이 되셨으니 편하게 돌아가시를 바랄 뿐이었다. 얼마 전 어머니께서 집에서 쓰러지셔서 호흡을 멈춰 버렸다. 119에 신고를 하고 급하게 병원에 가서 심폐소생술을 하게 되었다. 결국 어머니가 다시 호흡을 하시고 살아나셨는데 심폐 소생술 과정에서 갈비뼈가 부러지고 폐가 다쳐서 수술까지 하게 되었다. 그리고는 중환자실에서 지내고 계시는데 회복이 안 되고 생명 유지만 하고 계시다. 한달에 1천만 원이 넘는 병원비도 문제지만 이미 숨을 거두고 편하게 돌아가셨을 분을 무리하게 살려서 다시 죽음을 기다리는 중환자실에서 생활하게 하는 것이 정말 어머니를 위하고 생명을 존중하는 것일까를 생각해 보았다.

위의 안락사에 관한 조사에서 안락사를 반대하는 소수의 의견도 종교적 신념 때문에 반대한 사람들이 대부분이며 종교적 이유가 아니라면 안락사를 반대하는 사람들은 거의 없다고 볼 수 있다. 이토록 국민들의 대다수가 원하는 일을 대규모의 예산을 들여 방해하는 데 정부가 나서는 것은 크게 잘못된 일이다.

안락사는 국민들의 권리이고 삶의 질을 개선하기 위해 가장 중요한 문명적인 권리이다. 비문명적고 허구적인 종교 문화가 편안히 삶을 마감할 수 있는 권리를 억누르고 사회의 부담을 가중시키는 일을 멈추게 해야 한다.

죽고 싶어 하는 사람들을 살리는 일보다 살고자 하는 젊은 이들에게 예산이 배분되어야 한다. 청년이 정치 집단에게 적극적인 고려 대상이 되고 정당한 예산을 배정받기 위해서는 정치적 힘을 키워야 한다. 청년당을 만들어야 하는 이유이다.

항상성 유지에 대한 욕망

항상성 유지에 대한 욕망은 자신을 보호하려는 욕망이다. 자신의 정체성을 유지하고 건강하고 안전한 상태를 유지하려는 욕망이다. 인간은 스스로 자신의 존재를 느끼고 끊임없이 자기 동일성을 유지하고자 노력한다. 자신의 동일성을 유지하지 못하면 늘 나는 누구인가를 물어야 하고 의사 결정의 순간에도 결정의 기준점을 찾지 못한다. 항상성 유지에 대한 욕망은 자기동일성을 확립하고 정체성을 유지하는 것은 물론 정체성 유지의 근간이 되는 신체에 대한 의식 및 안전을 도모하려는 욕망이기도 하기 때문에 인간의 삶을 위해 중요한 욕망이다. 이는 인간이 외부의 위협에 대한 대응 주체를 설정하고 혼란을 극복하며 스스로 안정감을 느끼기 위해 꼭 필요하고 중요한 일이다.

정체성이 확립되지 않은 청소년기의 혼란을 생각하면 항상성 유지에 대한 욕망의 중요한 역할을 알 수 있다. 정체성이 약하면 자신이 누구인지 스스로도 확신할 수 없고, 스스로가

뭘 좋아하는지, 어떻게 살아야 하는지에 대한 대답 또한 할
수 없게 된다.

정체성이 형성되는 인생의 초기에는 주변의 영향을 많이 받
게 된다. 부모와의 관계를 통해 정체성을 학습하고 흡입하게
된다. 그러나 나이가 들면 정체성은 스스로 만들어 가야 한
다. 정체성은 타고나는 것이 아니라 주위와의 관계나 나의 노
력으로 만들어지는 것이다. 정체성을 정립하기 위해 역사와
과학, 철학 등을 공부하면서 인류 속에서 스스로 자리 잡아
야 한다. 미숙한 사람들은 성인이 되어도 주위의 영향을 통해
만들어진 정체성을 유지하고자 노력하며 자신만의 고통스러
운 과정을 거친 정체성의 정립은 시도하려고 하지 않는다. 소
속감, 경험, 기억, 신념 등이 정체성을 이룬다. 새로운 관계나
경험 지식 등에 의해 정체성의 변화가 일어나기는 하지만 일
단 형성된 정체성에 대해서는 그 정체성을 유지하고자 하는
욕망이 강하게 작용한다. 특히 성인이 되면 정체성에 혼란을
줄 만한 변화는 쉽게 받아들이지 못한다. 정체성이 형성되면
성별 의식, 특정한 윤리관, 이웃이나 상징적 집단과의 관계와
소속감, 민족 의식, 계급 의식, 보수 또는 진보로서의 이념 성
향, 특정한 문화적 행위에 대한 감정 표출, 우주와 자신의 관
계에 대한 의식 등이 개개인에게 자기 의식으로 자리 잡게 된

다. 이런 정체성이 생기면 특정한 사안에 대한 자신의 반응이 자연스럽게 분출되고 타인들은 나의 반응을 보고 나의 정체성을 확인하게 된다. "그 사람은 보수주의자야", "그녀는 페미니스트야", "그 남자 자유주의자야", "그녀는 불의를 보면 못 참는 사람이야" 등이 외부에서 평가하는 나의 정체성이다. 정체성이 형성되는 과정에서 개개인은 가족과 이웃, 친구, 독서를 통해 자신의 생각에 많은 영향을 받게 된다. 어느 면에서 본다면 나의 정체성은 내가 만난 인연과 내가 읽은 책들에 의해 결정된다고 할 수 있다.

그럼에도 정체성 유지에 대한 욕망이 자제되어야 한다고 말하는 이유는 무엇일까?

정체성 유지에 대한 욕망이 자제되어야 하는 첫 번째 이유는 우리의 앎이 완벽하지 않기 때문이다. 우리의 정체성은 주변의 영향으로 자연스럽게 형성되었기 때문에 엄격한 사실 관계나 역사적 맥락, 바른 이해 없이 스며들고 내화되었다. 그러나 일단 형성된 정체성을 유지하고자 하는 욕망이 너무도 강하게 작용하기 때문에 새로운 지식에 의해 내 생각이나 정체성의 기반이 허구라고 밝혀진다 해도 기존의 정체성을 계속 유지하려 한다. 정체성 유지에 대한 욕망은 과학과 새롭게 검증된 합리적 지식이 나와도 우리가 허구에 기반한 생각을 계속 유지하게 만든다. 우리 사회에 이런 예는 셀 수 없이 많으며 문명 사회 속에서 아무 근거도 없는 허구의 생각이 우리 생활 대부분의 의식을 지배하고 있다고 해도 지나친 말이 아니다. 대표적인 두 가지의 예를 들어 보자.

첫째는 신과 인간의 관계이다. 인류는 오랫동안 신에 의지하여 살아왔다. 신은 나를 완전히 이해하고 내가 생기기 전부터 나를 알고 내가 살아온 전 과정을 함께해 왔으며 내가 죽은 후에도 나와 관계를 가질 유일한 존재로 인식되어 왔다. 신은 인간과 분리되기 어려운 인간의 정체성의 일부분이거나 때로는 대부분이었다. 과학은 기존에 우리가 믿어 왔던 신의 말씀이 잘못되었다고 밝혀 왔고 신의 증거로 사용되던 자연의 힘을 신이 없어도 설명되는 이론으로 풀어냈다. 그럼에도 신을 믿는 사람들의 수는 줄어들지 않았다. 수많은 사이비 예언자들의 말이 거짓으로 밝혀져도 추종자들은 이전과 다른 이유를 찾아내고 그 예언자를 버리지 않는다. 자신의 정체성을 버릴 수 없기 때문이다.

둘째는 민족과 나의 관계이다. 나는 태어나면서 국가의 구성원이고 어느 민족의 일원이 된다. 이웃 국가들과 악연이 있었다면 그 국가들에 대한 분노까지 이어받고 그것은 나의 정체성의 일부가 된다. 그러나 사실상 우리는 이웃 국가 사람들과 피가 섞여 있고 문화가 섞여 있고 언어가 섞여 있다. 민족이란 막연한 것이고 상상의 산물일 뿐이지만 민족은 우리 정체성 그 자체에 깊이 뿌리 박혀 있다.

알다시피 신과 민족이 이렇듯 허망한 것이면서도, 인류의 역사에서 이 둘로 인해 흐른 피는 강을 채우고도 남을 만한 족적을 만들어 왔다. 그리고 아직 우리는 신과 민족을 버리지 못하고 있다. 나보다 크고 위대한 것, 즉 신과 민족을 내 정체성의 중심에 놓고 싶은 마음으로 신과 민족을 옹호하는 이론서는 차고 넘친다. 항상성 유지에 대한 욕망은 후술되는 함께하려는 욕망과 결합되기 쉬우며 둘이 결합되면 파괴력 높은 비극이 만들어질 수 있다는 것을 기억해 두자.

정체성 유지에 대한 욕망이 자제되어야 하는 두 번째 이유는 타인과 소통하기 위해서이다. 정체성이 한번 형성되면 사람들은 맹목적으로 자신의 현재성을 지키려는 경향이 있다. 정체성이 뚜렷이 대비되는 개인 간 또는 집단 간의 소통은 대단히 어렵다. 정체성이란 것이 주관적으로 형성된 결과물의 현재성이기 때문에 정체성이 선명한 개인 간 또는 집단 간의 대화는 자신만의 시선으로 세상을 보라고 타인에게 강요하게 된다. 상대의 다른 생각을 반박하려고만 하고 받아들이려고 하지는 않는다. 내 생각이나 가치가 외부의 간섭으로 바뀌면

'나란 것은 아무것도 아니게 되지 않을까?' 하는 태도가 깔리
게 된다. 외부의 간섭으로 내가 사라지고, 나의 정체성이 사라
지게 된다는 불안감은 정체성 유지에 대한 인간의 욕망을 더
욱 불태우게 한다. 따라서 둘 사이 또는 두 집단 간의 대화는
싸움 또는 전쟁으로 치닫게 된다. 나만이 옳다는 생각도 정체
성 유지에 대한 욕망이 과도한 결과이다.

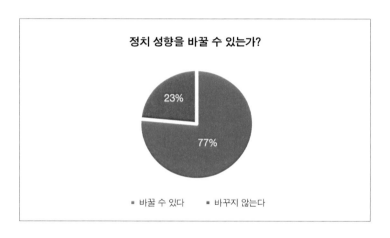

149명의 설문 조사 응답자들은 "당신은 정치적 입장이 다른
사람의 주장이 합리적이라면 그 사람의 말에 공감하여 당신
의 정치적 성향을 바꿀 수 있습니까?"라는 질문을 받았고
77%의 압도적인 사람들이 바꿀 수 있다고 응답하였다. 응답
자들은 보수, 진보, 중도 등 다양한 정치적 성향을 갖고 있다

고 답했지만 어떤 정치적 성향을 갖고 있는가에 상관없이 상대의 주장이 합리적이라면 자신의 정치 성향을 바꿀 수 있다고 응답하였다. 우리는 정치적 반대자의 합리적인 주장에 반응하여 기존의 나의 주장을 철회할 압도적인 의사를 가지고 있다고 믿는다. 그러나 우리가 경험하는 세상은 실제로 그렇게 되는 것이 너무도 어렵다는 것을 보여 주고 있다. 보수와 진보는 물론이고 신을 믿는 사람과 신을 믿지 않는 사람, 또는 나의 신과 다른 신을 믿는 사람들 사이의 대화는 사실상 벽을 보고 대화하는 것이 나을 만큼 상대방을 인정하기 어렵다. 그래서 중요한 사업이나 친목 모임에서는 정치나 종교에 대해서는 얘기하지 않는 것이 하나의 에티켓으로 알려져 있기도 하다. 우리의 개방적인 의도와는 달리 항상성 유지에 대한 욕망이 얼마나 강력하게 작용하는지 그리고 항상성 유지에 대한 욕망이 생각이 다른 사람들 간의 대화를 얼마나 어렵게 만드는지 잘 알 수 있다.

정체성 유지에 대한 욕망이 자제되어야 하는 세 번째 이유는 자신과 집단의 발전을 위해서 정체성 유지가 장애가 되기 때문이다. 인간은 평생의 과정을 통해 성장해야 한다. 한때의 생각에 머물러 있다면 결코 바람직하지 않다. 인류 역사가 발전한 것은 사상의 변화가 받아들여졌기 때문이다. 인류가 규정하는 인간에 대한 정체성도 지속적으로 변하고 있다. 개인의 정체성도 물이 흐르듯 평생을 통해 유연성 있게 변하고 발전되어야 한다. 정체성 유지에 대한 욕망이 과다한 사람은 '왜'라고 묻지 않는다. 타인의 생각이 궁금하지 않고 공감할 수도 없기 때문이다. 또는 "왜 그렇게 생각하세요?"라는 질문을 받게 된다면 어이없어 한다. "당연한 것 아닌가요? 왜 그런 것을 묻는지요?" 하며 '왜'라고 묻는 사람을 이상한 사람 취급하기도 한다. 정체성 유지에 대한 욕망이 크면 평생을 자신의 생각에 갇혀 자신만 옳다고 생각하고 세상이 자신을 알아주지 않는다고 세상을 원망하게 된다.

열려 있는 사람은 질문한다. "왜 그렇게 생각하는데?" 그렇게 묻고 그 이유가 합당하다면 상대를 이해하고 더 나가서 자신의 견해를 기꺼이 바꾼다. 바꾼 견해는 다시 자신의 정체성의 일부가 되고 그는 다시 한 번 성장하게 된다. 열려 있는 사람들은 고정된 사실이나 견해를 자신의 정체성으로 삼지 않고 합리적인 사고 과정을 자신의 정체성으로 삼는다. 그래서 늘 질문한다. "난 이렇게 생각하는데, 당신은 어떻습니까? 당신이 그렇게 생각하는 이유는 무엇인가요? 전에 들어 보지 못한 새로운 견해인데 흥미가 있네요. 좀 더 얘기를 진행시켜 보고 싶습니다".

정체성 유지에 대한 욕망은 자연적 본능이며 우리 삶을 지속하기 위해 필요한 것이다. 그러나 위에 말한 이유들로 반드시 자제되고 관리되어야 한다. 자연적 본능을 억누르고 열려 있는 정체성을 유지하기 위해서는 의식적으로도 많은 노력을 해야 한다. 타인의 다른 생각, 다른 입장, 다른 역사적 맥락을 이해하기 위해 노력하고 질문 던지기를 멈춰서는 안 된다. 상대에 대한 질문이 없다면 둘 사이의 관계는 이미 닫혀진 것이며 더 이상의 발전적 관계는 아닌 것이다.

항상 질문하자. "왜 그렇게 생각하나요?"

항상성 유지는 현재 있는 것이 아니라 변화하는 몸과 생각을 당연한 것으로 받아들여야 한다. 나이에 따른 몸의 변화 그리고 상호 교류와 경험을 통한 생각의 변화를 긍정적으로 받아들이고 변화하고 발전하는 과정을 항상성의 중심에 놓아야 한다.

Part 04

권장
욕망

인간의 행복을 위해 가장 필
요한 것이 지혜라고 할 수 있
다. 어떻게 사는 것이 행복인
지 아는 것이 지혜라고 할 수
있다. 인간이 지혜롭게 되기
위해 욕망의 강도를 더 높일
필요가 있는 욕망들을 권장
욕망이라고 한다.
지식에 대한 욕망, 경험에 대
한 욕망, 승리에 대한 욕망이
그것들이다.

지식에 대한 욕망

사람은 성장하면서 모방하고 학습하며 지식을 얻는데 이런 지적 성장을 추동하는 궁금증이 지식에 대한 욕망이다. 지식에 대한 욕망은 인간이 자신과 주변에 대해 이해하고 외부의 위협으로부터 자신을 지키고 자신의 욕망을 효과적으로 실현하기 위해 진화된 욕망이다. 지식에 대한 욕망은 아주 어릴 때부터 발현되고 인간의 언어 습득을 포함한 다양한 지적 성장을 돕는다. 그런데 이런 욕망은 사회의 교육 시스템에 편입되는 순간, 욕망이 아닌 의무가 되어 버리기 쉽다. 특히 한국의 교육을 얘기할 때면 늘 거론되는 주입식 교육은 지식에 대한 욕망을 자극하기보다는 억제하는 역할을 해 오곤 했다. 이런 교육 환경에서 지식을 쌓게 되는 것은 앎에 대한 욕망에서 하는 것이 아니라 일정한 절차로서 진행되는 것이고 나의 욕구가 반영되는 것이 아니라 사회가 요구하는 지식을 내 머리에 집어넣는 힘든 작업이 된다. 우리들 대부분이 이 과정을 거쳐 왔다. 게다가 대학 진학을 위한 공부, 입사 시험을 위한 공부,

승진을 위한 공부 등 필요한 지식을 적정한 때에 열심히 공부
해야만 한다. 어릴 때 누구나 가지고 있던 지적 열정은 이 단
계를 지나면서 흔적도 없이 사라져 버리는 경우가 많다. 다양
한 유전자와 환경의 결합으로 인해 다양한 적응 분야가 있고
다양한 지적 기호가 있지만 모두가 비슷한 내용을 공부하고
동일 내용의 시험을 거치게 된다. 사회의 유지를 위해 꼭 필요
한 것이 공부지만 이렇듯 자연스러운 욕망을 억누르는 작용
을 하고 있다는 것은 아쉬운 일이다. 이에 대한 보완을 위해
다양한 교육 실험이 행해지고 대안 학교, 토론 수업, 시험 없
는 학습 등이 행해지고 있지만 미흡한 실정이고 모든 자원을
맞춤형 교육을 위해 투자할 수도 없는 일이다.

2016년 『사피엔스』의 저자 유발 하라리 초청 세미나가 서울
의 한 대학에서 있었다. 평소 젊은 학자 유발 하라리에 관심
이 있는 많은 사람들이 참석했었다. 유발 하라리의 발표가 끝
나고 한 학생의 질문이 있었는데 학교 교육에 대한 질문이었
다. 토론자로 나온 그 대학의 행정학과 교수는 "저는 정답이
없는 것은 가르치질 않습니다. 자신도 모르는 걸 가르치려는
사람들이 있는데 참 답답합니다"라고 했다. 나는 그 교수의 답
변을 듣고 깜짝 놀랐다. 같은 질문에 대한 답변을 젊은 학자
유발 하라리가 하게 되었다. 그는 "교육이란 우리가 무엇을 모

르는가? 그래서 우리는 무엇을 물어야 하는가? 다시 말해 질문을 만드는 과정이라고 생각합니다"라고 답했다. 이스라엘과 한국에서 노벨상을 받고 못 받는 차이가 여기에서 나온다는 말은 하고 싶지 않다. 다만 지식에 대한 욕망에 불을 지피는 교육과 불씨를 꺼 버리는 교육 행태가 어떤 것인지 확연한 차이를 알 수 있는 대답들이었다. 그 대학의 행정학과 교수가 한국 모든 대학의 교수를 대표하지는 않겠지만 그 당시에는 한국에서 고등교육을 받는 사람들이 어떤 환경에 있는지 다시 한 번 생생하게 깨닫는 계기가 되었고 오래도록 씁쓸한 마음이 풀리지 않았던 기억이 난다. 대학 교육이 그렇다면 초중고 교육이 어떠할지는 물어보지 않아도 잘 알 수 있는 일이다.

또 다른 예가 있다. 국내 유수의 대학에서 철학을 강의하던 A교수는 몇 년 전에 은퇴하고 가끔 제자들을 만나 대화를 나누곤 한다. 다양한 철학자들의 세계관을 얘기하던 중에 한 제자가 "선생님께서는 오랫동안 철학을 강의하셨는데 선생님께서 이 세상을 설명하는 선생님만의 견해를 가지고 있는지요?" 그러자 그 은퇴한 교수님은 "그런 것은 없어. 내가 공부하던 곳에서는 선생님의 생각을 이해하는 것이 중요했지 내 개인의 생각은 별로 중요하지 않았어"라고 말했다. 그분은 국내 최고의 대학을 졸업하고 유럽의 가장 오랜 전통의 학교에서 종교

철학과 형이상학을 전공하고 박사 학위를 취득한 분이었다. 그 자리에 있던 나는 깊은 충격에 빠졌었다. 그분도 자신을 가르치셨던 선생님의 생각에 감히 '왜'라고 묻지 못했고 스승의 생각을 따라잡을 생각만 했다는 것이다. 아무 부끄럼 없이 자신만의 생각이 없다는 노교수님의 말씀을 듣고 한동안 절망감에서 헤어 나오기 어려웠다. 가만히 생각해 보니 그분이 현직에서 학생들을 가르치는 수업 방식이 자신이 옛날 공부했던 노트를 읽어 주고 그 노트에서 시험을 치르던 방식이었다고 들었다. 그런 분이 학생들을 가르치면 그분 밑에서 얼마나 훌륭한 철학 사상이 나올 수 있을까? 이것이 한국에서는 세상을 설명하는 위대한 사상가가 나오기 어려운 분명한 이유 중 하나라는 생각이 들었다.

학교 수업에서 '왜'라는 질문이 자주 나오지 못하는 것은 교사들도 왜 그런지 답을 모르기 때문은 아니다. 교사들이 모르는 것이 당연한 것인데 교사들이 모르는 것을 용납하지 않고 부끄러워하게 만드는 사회 환경의 문제라고 할 수 있다. 교사들의 역할이 정답을 알려 주는 역할로 계속 굳어지면 우리 사회에서 큰 질문을 하는 학생들은 자라날 수 없다. 질문을 크고 새롭게 하도록 유도하고 정답보다는 오히려 질문들이 장려될 때 위대한 질문들이 나오고 창의력이 길러지게 된다. 그래야 궁금증이 새로운 궁금증을 낳고 지식에 대한 욕망이 사회를 자극하고 인류를 성장하게 할 것이다.

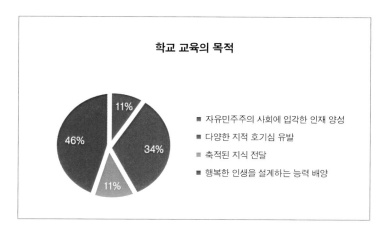

149명의 설문 응답자들에게 학교 교육의 목적을 물어보았다.

46%의 사람들이 행복한 인생을 설계하는 능력을 배양하는 것이 교육의 목적이라고 응답했고, 34%의 사람들은 다양한 지적 호기심을 유발하는 것이 교육의 목적이 되어야 한다고 응답했다. 일반 국민들은 교육의 목적에 대해서 교육 전문가들보다 앞서 있는 생각을 가지고 있다. 그렇다면 일반 국민들이 가지고 있는 교육에 대한 개념과 동떨어진 교육 현장의 문제점들을 어떻게 하면 바꿀 수 있을 것인가?

하루 아침에 학교 교육을 바꿀 수는 없을 것이다. 사회 환경과 의식이 변해야 하고, 교사들의 자질이 향상돼야 하고, 다수의 여론이 있어야 하고, 정치권의 결단이 있어야 한다. 그러나 보다 중요하고 빠른 방법은 청소년들이 그런 주입식 교육을 받지 않아도 먹고살 수 있는 사회적 환경을 만드는 것이다. 의식주에 대한 욕망과 성적 욕망에 대한 충족 문제를 정부에서 해결하면 먹고살기 위한 지식을 추구하는 문화가 바뀌고 궁금한 것을 묻는 지식에 대한 욕망이 살아날 것이다.

인간의 기본적인 욕망 해결은 인류의 창조적 성장 과정에 아주 중요한 역할을 해 왔다는 것을 역사는 보여 주고 있다. 노예 착취에 근거했지만 먹고살 걱정이 없던 그리스인들의 창의성은 오늘날 인류 문명의 귀중한 토대가 되어 있다.

노예가 먹고사는 문제를 책임지며 지적 욕망을 자극하는 사회 환경을 만들었던 그리스와는 달리 현대의 국가에서는 국가가 그리스식 노예가 되어 국민들의 먹고사는 문제를 해결하고 국민들의 지적 욕망을 자극하는 환경을 만들어야 한다.

그렇게 되면 흥미 없고 인간의 욕망을 자극하지도 못하는 주입식 교육은 자연적인 퇴출 과정을 거치게 될 것이다. 그리고 개인 각자의 의견과 그렇게 생각하게 된 과정과 이유 등이 논의되고 지적 욕망을 자극하는 사회가 될 것이다.

지식을 일방적으로 전달하는 교육 환경은 개인 인생에서의 성공에 큰 도움이 되지 않는다. 이것은 모든 성공적인 사업가, 정치인, 과학자, 사상가들의 한결같은 조언이다. 주입식 교육 만으로 인류에게 빛이 되는 인물이 자라나기 어렵다. 그러기 때문에 자신만의 질문을 만들어야 한다. 세상이 궁금하다면 묻고 듣고 읽고 또 묻고 그래서 누구도 답하기 어려운 나만의 질문을 가져야 한다. 그래서 그 질문을 갖고 평생을 보낼 수 있다면 행복하다고 말할 수도 있다.

우리가 살면서 지식의 욕망을 키워야 하는 더 중요한 이유 가 있다. 엄격한 구분은 아니겠지만 주입식 교육이 지식을 늘려 준다면 지식에 대한 욕망은 지식과 더불어 지혜를 키워 준다. 지혜란 나에게 좋은 것을 아는 것이다. 어떻게 사는 것이 나에게 좋은 일인지를 아는 것이 지혜다. 무엇을 하면서 무엇을 하지 않으면서 살 것인가를 아는 것이 지혜다. 지혜가 없는 사람들은 평생 자신에게 도움이 되지 않는 일을 하면서도, 심지어는 자신에게 해가 되는 일을 하면서도 그것을 알지 못한다. 대표적인 예가 복지에 대한 수요가 가장 절실한 취약층에 있는 사람들이 자유 경쟁을 주장하는 보수 정치 세력을 지속적으로 지지하며 받쳐 주는 것이다. 음식점에서 일하는 한 60대 초반 여성의 얘기도 있다. 그분은 20대 후반과 30대 초반의 아들 둘을 두고 있는데 아들들이 취업을 못해 그분이 가게를 책임지고 아들들을 부양한다고 한다. 아들들이 모두 신체가 건강한데 두 아들을 사랑하는 이 여성분은 아들들을 위해 일한다고 생각하고 쉬는 날에도 자청해서 일을 하신다고 한다. 이것이 두 아들을 위하고 스스로를 위하는 일인지 안타까운 생각이 들었다. 건강한 두 아들이 노동이라도 해서 스스로의 밥벌이를 하도록 하는 것이 두 아들을 위해서나 그 여성분을 위해서 좋은 일이라는 당연한 생각이 든다. 많은 사람들은 자신들 스스로를 위해 그리고 사랑하는 사람들을 위해 무엇을 해야 하는지 모른다. 무엇을 해야 좋은지를 아는 것은 지혜라고 할 수 있다.

청년들이 어떻게 살아야 하는지에 대한 답을 찾기 위해서는 지식에 대한 욕망을 통해 지혜에 이르러야 한다. 지혜가 생기면 지혜가 있는 사람들을 알아보게 되고 지혜가 있는 책을 알아보게 되고 일상의 소소한 생활들 속에서 쉽게 지혜를 축적해 간다. 열정과 지혜가 세상을 바꾸는 힘이 된다면 청년들에게 가장 필요한 것은 지혜라고 할 수 있다. 지혜를 얻기 위해 필요한 지식에 대한 욕망을 키워 나가자. 그러기 위해서는 역시 '왜'라고 물어야 한다.

경험에 대한 욕망

뭐든 한번 해 보고 싶은 것이 경험에 대한 욕망이다. 지식에 대한 욕망과 같이 어릴 때 왕성하게 작동하던 경험에 대한 욕망은 나이가 들면서 많은 규제와 교육으로 해야 될 일과 하지 말아야 할 일들이 분명해지면서 점점 억압된다. 경험에 대한 욕망과 지식에 대한 욕망은 인간의 호기심을 자극하고 때로는 인류 문명에 큰 도약을 만들기도 하고 때로는 주변과 자신을 위태롭게 만들기도 한다. 호기심은 위험과 큰 과실을 동시에 품고 있는 욕망이라고 볼 수 있다.

2018년 하와이에서 엄청난 화산이 분출되는 와중에 이 모습을 생생하게 보고 싶던 군인이 있었다. 그는 안전을 위해 막아 놓은 울타리를 넘었고 분화구 속에 떨어졌다. 다행히 죽지는 않았지만 너무도 위험한 상황이었다. 매년 그랜드 캐니언에서는 자연의 웅장한 모습을 더 자세히 보기 위해 위험을 무릅쓴 사람들의 사망 사고 소식이 들린다. 한 연구에 따르면 최근 6년 동안 250명의 사람들이 셀카를 찍다가 목숨을 잃었다고 한다.

그리스 신화의 프시케와 그 언니들의 유명한 호기심처럼 달콤한 현실에 만족하지 않고 새로운 것을 알고 싶고 경험하고 싶은 인간의 욕망은 우리 인류의 오래된 뿌리에서 온 일이라는 것을 신화는 말하고 있다. 구약 성경에서도 아담과 이브가 에덴의 규율을 어기고 금단의 사과를 먹은 것 때문에 우리 인간이 험한 세상으로 쫓겨나게 되었다고 말한다. 이 이야기는 인간의 경험에 대한 욕망은 인간이 믿어 온 신의 뜻을 어길 만큼 강력한 것이고 인류 최초의 시간부터 이어져 온 인간의 원초적 욕망이라는 말을 하고 있는 것이다. 인간은 신의 뜻을 어기고 금단의 사과를 먹음으로써 신만이 알아야 할 지혜를 얻게 되었다. 여기에는 경험에 대한 욕망이 때로는 몹시 위험하지만 인간에게 지혜를 준다는 뜻도 담겨 있다.

경험이란 어떤 것일까? 운전면허를 따고 운전을 처음 하는 경우를 생각해 보자. 사람마다 다르지만 온갖 두려움이 앞서고 차선을 바꾸는 것도 어렵고 옆이나 뒤에서 무슨 일이 벌어지는지는 돌아볼 엄두도 나지 않는다. 얼마 운전을 하지 않았는데도 온 근육이 망치로 얻어 맞은 것처럼 경직된 경험도 있을 것이다. 그러나 운전 시간이 늘어나면서 아찔한 경험도 있고 때로는 접촉 사고도 겪으면서 어느덧 운전은 내가 길을 걸어가듯 편하고 쉬운 일이 된다. 우리 인생도 이렇게 운전을 하는 것과 비슷한 일이다. 경험은 우리가 어디로 가야 할지 몸으로 알려 주는 것이다.

신입 사원이 회사에 입사하면 모든 것이 서툴고 어색하다. 자신이 내리는 결정이 옳은 것인지 판단하기도 어렵다. 그러나 경험이 쌓이면 자신감을 갖게 되고 막연한 두려움에서 벗어날 수 있다. 군 생활을 하는 것도 마찬가지고 감옥에 가는 일도 한두 번 경험하면 더 이상 두려운 일만은 아닌 듯하다.

산전수전 다 겪은 사람은 어지간한 일로 두려워하지 않는다. 산전수전의 경험은 인생에서 큰 힘이 된다. 우리는 돈으로 환산하기 힘든 자신감과 지혜를 경험에서 얻게 된다.

경험에 대한 욕망을 키우는 일은 젊은이들이 스스로 무엇을 할지 결정하는 데 도움이 된다.

앞서 스스로 뭘 좋아하는지 모르겠다는 우리 막내아들의 고백은 경험이 부족하기 때문이다. 경험을 해야 뭘 좋아하는지 알 수 있게 된다. 가만히 앉아서 생각만 하면 내가 뭘 좋아하는지 알 수 없다. 내가 뭘 좋아하는지 모르면 내가 가야 할 길이 보이지 않는다. 그럼 젊은이들에게 어떤 경험이 필요할까? 타인에게 피해를 주는 일이 아니라면 다 해 보는 것이 좋겠다는 생각을 한다.

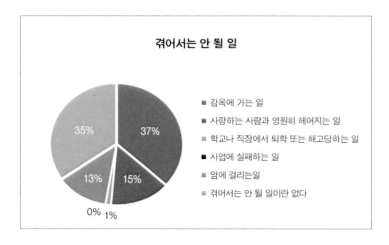

겪어서는 안 될 일

- 감옥에 가는 일
- 사랑하는 사람과 영원히 헤어지는 일
- 학교나 직장에서 퇴학 또는 해고당하는 일
- 사업에 실패하는 일
- 암에 걸리는일
- 겪어서는 안 될 일이란 없다

149명의 설문 응답자에게 도저히 경험하고 싶지 않은 일에 대해서 물었던 결과이다. 37%의 사람들은 감옥에 가는 일만은 피하고 싶다고 하였고 35%의 사람들은 겪어서는 안 될 일이란 것은 없다고 생각하였다. 남자들에게 다시 겪고 싶지 않은 일을 꼽으라면 군대에 다시 가는 것이 우선적으로 꼽힐 것이지만 군대에 다녀온 남자들 대부분은 다녀올 충분한 가치가 있었다고 말한다. 그리고 많은 사람들이 자녀들을 군대에 다녀오도록 하고 있다. 하고 싶은 일을 참지 못하고 하는 것도 경험에 대한 욕망에서 중요한 것이지만 하고 싶지 않은 일을 호기심이나 성장을 위해 선택하는 사람들은 인생에서 중요한 성장을 경험할 가능성이 아주 높다.

경험에 대한 욕망에는 이브의 유혹이 가져온 참혹한 결과가 있다고 믿기에 부모들은 자식들이 그런 위험한 일이 없이 안전한 것만을 욕망하길 바라지만 그것은 청소년들이 스스로 자신의 길을 정하고 실행하는 것을 방해하는 일이다. 책으로 지혜를 대하고 가능한 모든 일을 경험해 보고 싶다는 어린아이 같은 욕망은 청소년만이 아니라 인간의 성장을 위해 가장 중요한 일 중 하나이다.

또한 경험한 만큼만이 우리 인생이다. 한 번만 사는 인생을 어떻게 채워 넣을 것인가? 이런저런 많은 경험으로 채워 넣을 것인지 아무 일 없이 조용하게 살다 갈 것인지 무엇을 택하든 경험한 만큼만 우리 인생이다. 생각을 많이 하는 것보다 실천을 많이 하는 것이 더 보람된 삶이 될 것이다.

높은 산을 오르면 과정이 힘들지만 큰 기쁨과 보람을 느낀다. 많은 사람들이 산을 찾는 이유다. 그 산을 찾는 이유가 경험에 대한 욕망을 키우는 것이 필요한 이유가 된다. 뭔가를 경험한다는 것은 경험 전에는 대단히 두렵고 어려운 일이지만 내가 뭔가를 해 냈다는 자부심을 갖게 한다. 흔히들 청소년 시기에는 자부심이 없어서 거짓말을 하거나 스스로를 과대 포장해서 말하는 경우가 있다. 청소년기에 스스로 계획해서 실행한 경험이 적은 것은 당연한 일이다. 그럼에도 자의식을 확립하고자 하는 청소년들은 자신이 별것 아니라는 인식을 받아들이기 어렵다. 그래서 스스로를 포장하는 경우가 많다. 이럴 때 자의식을 세우는 방법은 무엇이든 계획해 보고 실천하는 것이다. 아무리 작은 일이라도 계획을 세우고 실천하면 '나는 한다면 하는 사람'이라는 강한 자부심을 세울 수 있다.

경험은 대체적으로 좋은 작용을 하지만 가능한 자발적인 경험이 좋다. 어쩔 수 없어서 한 경험도 인생에 도움이 되겠지만 하지 않아도 될 일을 계획하고 실천하는 일은 더더욱 좋다.

승리에 대한 욕망

승리에 대한 욕망은 일을 계획하고 실행했는데 자신의 의도대로 되었을 때 쾌감을 느끼려는 욕망이다. 지식에 대한 욕망과 경험에 대한 욕망이 삶을 지혜롭게 한다면 승리에 대한 욕망은 삶에 활력을 높인다. 승리에 대한 욕망은 다른 말로 승부에 대한 욕망이다. 삶의 다양한 일을 승부로 인식하고 승리하고자 하는 욕망을 말한다.

월드컵 시즌에 축구를 보며 온 국민이 광화문에서, 공설 운동장에서, 경마장에서, 호프집에서 승리를 열망하며 함성을 지른일이 있었다. 우리 선수들이 최선을 다하고 그 내용이 승리를 정당화할 경우에 그 기쁨은 헤아릴 수 없다. 이런 일들은 사회적, 집단적 승리로서 다른 사람들의 결과물을 내 결과물로 인식하고 받아들이는 것이다. 그러나 개인들이 가지고 있는 승리에 대한 욕망은 축구 경기를 지켜보며 승리를 열망하는 것과는 다른일이다. 승리에 대한 욕망은 자신의 노력을 이기기 위해 사용하며 자신의 노력이 없는 승부는 승리로 인식하지 않는다.

우리의 일상에서 승리에 대한 욕망은 어떻게 작동되고 있는
가 예를 들어 보자.

○ 나는 딸아이를 위해 싸이의 콘서트를 어렵게 예매하려
했으나 컴퓨터 속도가 따라 주지 않았고 어제 자정 무
렵이 되어서야 온갖 어려움을 뚫고 승리했다(50대 가장).

○ 우리 아이는 아침에 빵을 먹거나 편의점에서 샌드위치
를 사 먹고 다녀 속상했는데 며칠 전부터 아침에 밥을
달라고 한다. 내가 드디어 승리했다(40대 초반의 엄마).

○ 촛불이 승리했다(모 일간지).

○ 우리 회사는 메모리 반도체 위주로 편중된 매출 구
조를 탈피하기 위해 시스템 반도체 분야에 2030년까
지 130조 원을 투자하는 승부수를 띄우기로 했다(삼
성전자).

○ 무역 전쟁으로 시작된 미중 갈등이 기술 전쟁, 환율
전쟁으로 이어지고 있다. 트럼프의 승부수는 성공할
것인가?(모 일간지)

○ 한반도 평화를 위한 문재인의 승부수는 무엇인가?(모
일간지)

○ 우리는 직접 제조한 숯과 고추장 삼겹살이 고온에서
만들어 내는 육즙으로 승부합니다(홍천화로구이).

○ 담배와의 싸움에서 승리했다(20대 청년).

우리 일상에서 승부감이 얼마나 광범하게 퍼져 있는지 알 수 있다. 이기고 싶다는 욕망은 우리를 움직이는 힘이고 모든 오락과 유흥을 열 배 더 즐겁게 해준다. 각 분야에서 성공한 사람들은 예외 없이 자신의 분야에서 강한 승부 근성을 가지고 있다. 승리에 대한 욕망이 큰 사람은 승리를 위한 과정 역시 중요하게 생각한다. 반칙을 써서 이기는 것은 그의 승리에 대한 욕망을 조금도 충족시키지 못한다. 남을 누르기 위해 반칙을 일삼는 사람들은 승리를 가질 능력이 없는 사람들이고 승리에 대한 욕망이 아니라 남들에게 인정받고자 하는 욕망이 왜곡된 형태로 드러난 것이다.

승리에 대한 욕망은 남에게 인정받는 것도 중요하긴 하지만 승부의 전 과정을 즐기는 사람들을 위한 욕망이다. 하나의 작은 목표를 정하고 승부의 개념으로 그 목표를 달성하고 다시 한 걸음 더 나간 목표를 설정하고 승리를 만들어 나간다. 승리에 대한 욕망이 넘치는 사람은 승부의 과정과 승부 그 자체를 즐기기에 거의 늘 행복할 수 있다. 타인과의 경쟁에서 승부감을 찾기보다는 본인이 설정한 목표와의 승부를 벌인다. 우리는 살면서 지속적으로 무엇을 계획하고 실행한다. 그런 계획과 실행의 결과가 우리 의도대로 되면 승리감을 느끼고 우리의 계획대로 되지 않으면 패배감을 느낀다. 우리가 계획하는 모든 것들이 승리에 대한 열망과 연결되어 있다. 진화적으로 우리는 계획하고 실행한 것이 의도대로 되면 큰 기쁨을 느끼도록 설계되었다. 삶을 능동적으로 움직이는 것이 승리에 대한 열망이다. 사업을 하면서 계획하고 실행하는 것도 승리와 관계가 있으며 우리가 즐기는 모든 종류의 오락도 승리에 대한 욕망과 관련 있다. 골프를 즐기는 사람이라면 골프를 하면서 바람과 잔디 상태, 기울기, 습도를 고려하면서 게임을 계획하고 자신의 뜻대로 되었을 때 큰 기쁨을 느낀다. 당구나 바둑, 포커 게임, 스타크래프트 등 모든 게임에는 자신의 개입과 계획, 추진 등이 있고 그 결과를 피드백 받으면서 다시 계획 추진 등의 과정을 거치며 그 결과가 의도대로 되었을 때 말할 수 없는 쾌감을 느끼게 되는 것이다. 아무런 개입도 없는 것에서 좋은 결과를 얻는 것은 승리에 대한 욕망을 조금도 만족시킬 수 없다. 로또에서 거액의 상금에 당첨이 된 사람이 느끼는 것은 승리에 대한 쾌감일 수 없다. 자신의 계획과 역할 없이 엄청난 행운에 부딪힌 사람들은 권리에 대한 욕망을 채울 기회가 온 것이지만 많은 경우에서 지나친 행운은 인생을 잘못된 방향으로 이끄는 경향이 있다.

누구나 승리에 대한 욕망이 있지만 태어나서 경쟁을 하게 되고 의도한 바를 성취하지 못하고 패배를 경험하게 되어 있다. 태어나서 몇 개월만 지나도 모든 것이 내 맘대로는 되지 않는다는 것을 느낄 수 있게 된다. 그러면서 승리에 대한 욕망도 억눌릴 수 있다. '해도 안 될 거야' 또는 "뭘 해야 될지도 모르겠어"의 형태로 나타날 수 있다. 취직도 안 되고 먹고살기도 힘든 상황에 '승리'라는 말은 사치에 가깝다. 승자와 패자로 나뉘는 사회에서 시작도 하기 전에 패자인 삼포 세대, 오포 세대인 젊은이들의 마음에 승부를 즐길 여유가 있을까? 그래서인지 "요즘 젊은 사람들은 무기력해"라거나 "승부 근성이 없어"는 말을 많이 하곤 하지만 어떤 시대였든 기성 세대는 늘 젊은이들이 활력 있고 승부 근성을 유감없이 발휘해 주길 바란다.

사회가 활력을 잃고 젊은이들이 무기력하다면 그들을 활기 있게 할 수 있는 방법은 무엇인가? 도전 정신을 일깨워 주는 시작점은 역시 젊은이들의 의식주 걱정을 먼저 해결해 주는 것이어야 한다. 승리에 대한 욕망으로 가득 찬 젊은이들이 먹고사는 문제를 걱정할 것이 아니라 승리를 위해 계획하고 그 승리와 패배를 즐길 수 있도록 해야 한다. 배고프고 앞날이 걱정인 사람들은 승부를 즐길 수 없다. 생존을 걸고 승부하는 사람들이 더러 있지만 승리에 대한 열망이 과도한 경우일

것이다. 승리에 대한 욕망은 성적 욕망 못지않게 큰 기쁨을 주
며 일이든 게임이든 어떤 과제이든 우리가 계획을 하는 무엇
인가가 있다면 그 계획하고 노력하는 모든 것에서 승리에 대
한 욕망을 충족할 수 있다는 점에서 성적 욕망보다 더 크고
지속적인 욕망이라고 할 수 있다. 생활의 대부분을 습관대로
사는 사람들이 아니라면 생활의 대부분을 계획하고 실행하며
사는 사람들이라면 승리에 대한 욕망을 즐기고 행복을 느낄
수 있다. 아울러 생활 곳곳에서 도전적 과제를 찾아내어 승부
하는 사람들은 승리에 대한 욕망으로 일상적 기쁨을 느끼는
사람들이라고 할 수 있다. 승리에 대한 욕망은 사회를 활성화
시키고 문명을 발전시키는 원동력이 된다. 사회적 안정망이 확
보돼야 더 많은 사람들이 인생의 승부를 건 모험을 떠나게 될
것이다. 사회적 안전망이 중요한 이유이다.

149명의 설문 응답자에게 인생에서 승리란 무엇인가를 물었
다. 가장 많은 30%의 응답자가 원하는 일을 하는 것을 인생
의 승리라고 생각했다. 그리고 26%의 사람들은 스스로에게
인정받는 것을 승리라고 생각했다. 승리라는 것은 자신이 원
하는 일을 계획하고 실행하며 그에 대해 결과를 받아들이고
스스로에 대해 인정하는 것이라는 점이 설문의 결과에 잘 나
타나 있다.

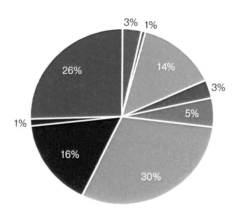

승리란 무엇인가?

3% 1%

14%

26%

3%

5%

1%

16%

30%

- 사업에서의 성공
- 욕망으로부터의 탈피
- 자기 분야에서 인정받는 것
- 깨끗한 양심
- 매일매일의 도전에 대한 자신감
- 원하는 일을 하는 것
- 가정의 행복
- 사회적 공헌
- 스스로에게 인정받는 것

Part 05

설계
욕망

설계 욕망은 재설계가 필요한 욕망들을 말한다. 행복을 위해 꼭 필요한 욕망으로서 그 욕망의 콘텐츠를 우리가 원하는 방향으로 유도해 낼 수 있고 그렇게 되면 인간이 보다 행복해질 수 있는 욕망들이다. 습관에 대한 욕망, 함께 하려는 욕망, 인정받고 싶은 욕망, 표현에 대한 욕망이 그것들이다.

습관에 대한 욕망

다음은 최근에 쓴 나의 일기다.

피를 뽑고 진료 시간이 많이 남아 아침도 먹을 겸 병원 안에 있는 빵집에 가서 빵을 사서 먹었다. 의자가 약간 불편했지만 반투명 유리로 빛이 충분히 들어와서 책 읽기에 좋았다. 한 시간 정도 책을 읽었는데 종업원이 다가왔다. 단체 손님이 와서 그러니 자리를 비켜 달라고 한다. 돌아보니 다른 자리도 여유가 있어 보인다. 너무 시간을 잡아먹으니 내보내려 하는 것 같았다. 말을 듣고 주섬주섬 짐을 챙겨 일어서려는데 화가 치민다. 화를 내도 괜찮을 듯싶었다. 그러나 화를 내는 순간 모든 감정이나 환경이 요동칠 것이었다. 참아 봤다. 그러면서 내가 왜 화가 나는 것일까 궁금해졌다. 마음에서 일어나는 이 불편하고 수치스러운 느낌, 분노는 무엇일까? 나는 화를 내지 않으려고 노력해 봤다. 아무것도 아닌 일이라고 스스로를 설득하고 마음을 조정해 보려고 시도했다. 그리고 그 결과가 궁금했다. 그러나 화를 내고 싶지 않았는데도 화가 가라앉지 않았다.
화가 가라앉기까지 시간을 재어 보니 7분 정도 걸린 듯하다. 화를 내는 자신에게 화나는 마음을 없애자고 결심을 했는데도 조정이 안 되는 것이었다.
그런데 7분이 지나자 크게 노력을 하지 않았는데도 화가 가라앉고 말았다. 내가 할 수 있는 일이란 것이 무엇인가 하는 생각이 들었다.
병원 근처에 있는 프랜차이즈 커피점으로 자리를 옮겼다. 커피를 주문하려고 하는데 매일 마시던 아메리카노라는 이름이 생각나지 않았다. 평소에 즐겨 마시는 찬 음료를 마실지 날도 쌀쌀하니 더운 음료를 마실지도 고민했는데 "뜨거운 커피 주세요"라는 말이 나왔다. 뜨거운 것도 좋다고 생각했지만 찬 음료에 대한 미련이 남아 있었다. 종업원은 멈칫하며 충분치 않다는 표정을 지었다. 뜨거운 커피도 종류가 많지 않느냐는 뜻으로 읽혔다. 그제야 나는 '뜨거운 아메리카노'라고 다시 말했다. 아메리카노라는 단어가 어떻게 생각났는지 다행이라고 생각했다.

비슷한 선호물 중에서 무엇인가가 선택되는 과정은 어떻게 이루어지는가? 나는 내가 뜨거운 것을 선택한 것 같지가 않았다. 아메리카노 이름을 기억해 내려고 했지만 안 되다가 갑자기 튀어나온 아메리카노라는 이름은 어디에서 온 것인가?

이런 생각을 하며 기다리는데 살살 졸음이 왔다. 졸기 싫은데 오는 졸음 참기는 고통스럽게 느껴졌다. 졸음을 피하려고 커피 한 잔을 들이켰다. 졸기 싫은 것은 누구이고 졸음에 빠지려는 나는 누구이며 졸음을 피하려고 커피를 마신 나는 누구일까?

그러는 사이에 옆자리에 앉은 젊은 아가씨가 뭔가를 잃어버렸는지 엉덩이를 내 쪽으로 올리고 탁자 밑을 뒤지고 있었다. 자세가 묘하다 싶어 흠칫 보기는 했지만 점잖지 못하다고 생각되어 안 보려고 하는데도 슬쩍슬쩍 눈이 갔다. 스스로 헛웃음이 났다. 다른 곳을 보려고 고개를 돌리다 카운터 쪽을 봤는데 몇 가지 케이크가 전시된 쇼케이스가 있었다. 저런 것은 먹으면 안 좋겠다고 생각했는데 발걸음이 옮겨졌다. 마스카포네 티라미수를 골랐다. 주문을 마치고 케이크를 가져오는데 내가 왜 먹어 본 적도 없는 이 케이크를 골랐을까 궁금했다. 내 머리 속에 어떤 의견 수렴 절차를 거쳐 그런 결론에 이르렀을까?

진료 시간이 다가오자 병원으로 걸어서 이동했다. 병원을 향하는 길 건널목 2미터 전방에서 나는 파란불을 보고 길을 가로질러 건넜다. 건널목 2미터 앞에서 길을 건넌 것은 내가 맞지만 왜 하필 그 앞에서 길을 건너기로 했는지는 모르겠다고 생각했다. 좀 더 걸어서 건널목 줄이 그어진 곳에서 건넜을 수도 있었지 않았을까? 병원에 들어서자 앞쪽에 가는 할머니가 기침을 해대기에 피해서 일 미터 정도를 비켜서 추월했다. 진료실 앞 의자에 앉아 기다리면서 나는 휴대폰을 열었다. 네이버 아이콘이 보여서 눌렀다. 증권 시세를 보니 코스피가 1퍼센트 이상 하락하고 있었다. 하단 을 보니 주가 하락에 대한 배경이 설명되어 있었다. 트럼프의 변덕 때문에 왔다갔다한다는 설명이었다. 다 읽고 휴대폰을 접고 다시 진료 시간을 기 다렸다. 그런데 기분 나쁜 사실이 기억이 났다. 내가 휴대폰을 열었던 이 유는 오늘 몇 걸음을 걸었는지 확인하기 위한 것이었는데 아무 계획에 없 던 증권 시세만 보고 휴대폰을 덮었던 것이다.

간호사가 다음 번에 들어가면 된다고 일러줬다. 병원의 시스템에 맞게 내 시간을 조정하고 내 순서는 컴퓨터에 등록된 순서다. 진료실에 들어서니 담당 의사가 웃으며 반겼다. 차트를 보며 당뇨, 혈압, 고지혈 모두 정상이 라고 한다. 운동을 열심히 한 것 같다고 칭찬해 주니 기분이 좋았다. 내 몸도 관리하면 좋은 조건이 만들어지는 한 장소 같다는 생각이 들었다.

진료를 보고 나와 차를 몰고 집으로 향했다. 고속도로로 접어들면서 음악 을 틀었다. 발로는 엑셀과 브레이크를 조정하고, 손으로는 핸들을 조정하 고, 귀로는 팝송「I will survive」를 들으면서 어깨를 들썩거리며 춤을 추었 다. 그러면서 머리 속에서는 어제 있었던 당구 게임에서의 안타까운 플레 이가 생각났다. 당구는 왜 맘대로 안 되는가? 어떤 때는 잘 맞고 어떤 때 는 맞지 않는다. 내가 정성을 기울여 했는데도 그 결과는 때때로 나의 의 지와는 상관이 없다. 그런데도 잘 맞으면 기쁘고, 안 맞으면 스스로가 바 보같이 여겨지는 것은 왜일까?

어느 순간 보니 집 근처로 접어들었다. 내가 운전한 것인데도 여기까지 어 떻게 온 것인지 기억이 없다. 섬뜩한 마음이 들었다.

차가 언덕에 올라서니 바다가 보였다. 밝은 햇빛이 물결에 반짝거렸다. 마 음이 따뜻하고 흐뭇해졌다. 바보 같은 짓이지만 저 바다에 화를 내보려고 했다. '나는 화가 난다. 나는 화가 날 것이다. 기분이 나쁘다. 특히 저 바다 는 맘에 들지 않아'라고 주문을 외워 보았다. 잘 안 된다. 저 풍경에는 맘 이 따뜻해지는 것이 당연한 것인가 보다. 아침에는 화를 안 내려고 했는 데도 화가 났고 오후에는 화를 내려고 했는데도 화가 안 났다. 집 앞에 차

> 를 대고 대문 쪽으로 가면서 차량용 리모컨을 눌렀다. 대문은 대문 키로 열어야 하는데 이런 멍청한 일이 도대체 몇 번째인가 하면서 웃음이 났다.

일기를 매일 쓰는 것은 아니지만 가끔 쓰면서 들여다본다. 일기를 보면 우리 하루의 삶이 습관에 얼마나 의지하는지 잘 볼 수 있다. 우리는 우리가 원하는 대로 살고 있다고 생각하지만 하루 일과의 대부분은 습관에 의해 돌아가는 것 같다. 하루 중 우리가 계획하고 하는 일과 행동은 꼭 집어 내기도 어려울 만큼 적은 것 같다. 길을 걷는 일, 운전하는 일, 휴대폰을 보는 행동, 아침에 일어나는 일, 책을 읽는 것, 음식을 먹는 일, 심지어는 뭔가를 선택하는 것조차 습관에 의해 행해지는 것이 많다. 습관대로 하면 스스로 고단한 결정을 내릴 필요가 없기 때문에 우리 뇌가 가장 선호하는 결정 방식은 '그저 습관대로 하기'이다. 습관에 대한 욕망은 너무도 크지만 그 욕망은 드러나 있지 않다. 우리들 대부분은 스스로는 습관대로 살면서도 그것을 깨닫지 못한다. 매일매일을 습관대로 살려는 욕망에 지배되면서도 그 사실은 깨닫기 어려운 것은 습관대로 사는 것이 너무도 편하고 자연스럽기 때문이다. 만일 우리가 습관에 저항하는 일을 하려고 시도하면 얼마나 불편하고 어려운 일인지 금방 알 수 있다. 인간 생활의 너무나 큰 부분이 습관에 의해 유지되기 때문에 습관에 대한 욕망은 관리가 필요하다. 습관을 관리하지 않으면 우리는 우리에게 도움이 되든 되지 않든 지금 있는 습관에 의해 대부분의 시간을 보내게 된다. 습관대로 하려는 욕망에 저항하기 어려운 우리는 어떻게 습관을 관리해야 할까?

첫 번째 방법은 습관을 들여다보는 것이다. 내게 어떤 습관이 있는가? 늦게 자고 늦게 일어나는 습관, 야채를 안 먹고 육류만 먹는 습관, 가까운 거리라도 차를 타고 가는 습관, 어려운 일이 생기면 거짓말로 넘어가려는 습관, 친구들과 술 마시면 꼭 내가 사겠다고 우기는 습관, 수시로 콧구멍을 파는 습관 등도 있지만 지저분한 것 못 보고 치우는 습관, 운동하는 습관, 손을 잘 씻는 습관 등도 있을 수 있다.

두 번째 방법은 습관 고치기이다. '콧구멍 파는 일을 안 하겠다', '거짓말을 안 하겠다' 이런 식으로 기존에 습관적으로 하던 일에 거부감을 나타내고 그것을 습관에서 제외시켜 버리는 것이다. 습관은 당연히 해야 되는 상황에서 두 번, 세 번, 여러 번 의도적으로 거부하면 습관에서 습관이 아닌 것으로 된다. 습관을 대상으로 승리에 대한 욕망을 작동시키면 의외로 좋은 결과를 얻을 수 있다. 사실상 습관대로 하는 어떤 일에서도 사람들은 승리감을 느낄 수 없다. 습관대로 하려는 욕망의 대척점에 서 있는 것이 승리에 대한 욕망이다.

세 번째 방법은 좋은 습관을 만들어 보는 것이다. 나에게 필요하지만 없었던 좋은 습관을 만드는 것이다. 일찍 일어나기, 아침에 신문 보기, 학교까지 또는 직장까지 걸어 다니기, 많이 웃기 등 필요한 습관을 하나씩 만들어 가는 것이다. 두세 번에 끝나면 습관이 안되지만 한 달을 넘기면 습관이 되고 아무 힘도 들이지 않고 내가 원하던 일을 할 수 있게 된다.

도저히 하기 어려운 일을 습관으로 만들면 세상이 달라진다. 청소년들이나 젊은이들이 가장 중요하게 여겨야 할 것도 좋은 습관을 많이 갖는 것이다. 그러기 위해서는 나쁜 습관을 없애고 좋은 습관을 많이 만들어야 한다. 좋은 습관을 많이 만들면 나머지 인생은 습관에 따라 내가 원하는 길을 저절로 가게 될 것이다. 물론 좋은 습관을 만드는 일은 나이와 관계없이 평생에 걸쳐 가장 중요한 일이다. 행복한 인생을 만들고 싶다면 지금 당장 내 습관을 들여다보는 일부터 시작하자. 습관을 개선하지 않으면 평생 초라하게 살 각오를 해야 한다.

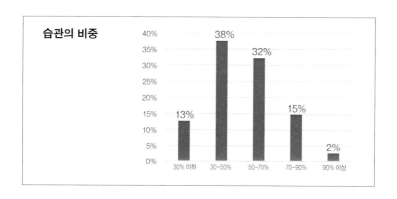

습관의 비중

149명의 설문 응답자들은 하루 중 본인들이 어느 정도 습관에 의해 사는지에 대해 30~50%라고 가장 많이 답하였다. 전체 응답자들의 습관에 의지하는 비중은 평균 50% 정도이다. 생각했던 것에 비하면 습관적으로 사는 비중이 낮은 것으로 보이며 매우 다행스러운 일이라고 할 수 있다. 그러나 설문 응답자들이 며칠이라도 자신의 하루의 일과를 자세히 기록한다면 이런 결과보다는 습관에 의해 하루가 살아지는 비중이 훨씬 높다고 고백해야 할 것이다. 사람들은 스스로의 활동을 계획하고 자신이 하루 행동의 주인인 듯 살아가지만 실제로 의식적으로 노력을 하지 않는 한 우리의 하루는 습관에 의해 살아가게 된다. 승리에 대한 욕망을 키우고 하루의 일과를 계획하고 승부감을 맛보는 것이 습관대로 살려는 욕망에서 벗어나는 일이다.

함께하려는 욕망

남녀 간의 사랑이 단일한 욕망이 아니라 인간의 성적 욕망에 더하여 함께하고 싶은 욕망과 결합된 문화적 욕망이라는 얘기를 했었다. 따라서 함께하려는 욕망은 사랑과 깊은 관계가 있다. 누군가를 좋아하고 사랑하면 같이 있고 싶은 마음이 든다. 함께 있기만 해도 나를 행복하게 해 주는 사람들이 있다. 그들이 내 가족이고 내 이웃이고 내 친구들이다. 함께하고 싶은 욕망은 다른 어떤 욕망들 못지않게 강력하고 사실상 인간의 가장 강력한 욕망 중 하나이다. 함께하고 싶은 욕망이 채워지지 못하면 외롭고 삶의 의욕이 없어지며 우울증에 걸리는 것에 그치지 않는다. 숨을 쉴 수 없으면 죽는 것처럼 누군가와 함께하지 못한다는 사실은 죽음을 의미할 수밖에 없다. 함께하는 삶만이 행복할 수 있다. 혼자서는 아무리 청와대같이 넓고 훌륭한 집에 살아도 행복을 느낄 수 없다. 그러나 함께하려는 욕구가 지나치게 커질 경우에는 문제가 생길 수 있다. 사람들은 함께할 때 두려움을 느끼지 않게 된다. 빨간 신

호등일 때 여러 명이 함께 건너면 규정을 위반했다는 의식도 약해지고 당당해진다. 내가 잘못된 길을 가고 있지 않을까 하는 의구심도 여러 사람들이 그 길을 가면 열어진다. 예전에 어떤 대화 도중에 우주에서 거대한 운석이 떨어지면 어떻게 될 것인지를 얘기했던 적이 있었다. 같이 있던 한 40대 여성분이 "다 같이 죽는데 뭐가 무서워?"라고 말하는 것을 들었다. 나 혼자 죽는 것은 두렵지만 다 함께 죽는 것이라면 두려울 것이 없다는 얘기다. 함께하는 것이 우리에게 얼마나 큰 힘이 되는지 알 수 있었다. 반면 함께하는 일이라면 잘못된 길로 가더라도 돌이키기 어렵겠다는 생각을 했다. 더구나 함께하면 죽는 것도 두렵지 않다고 생각하니 더 이상 그 힘에 대해 말할 필요가 없을 것이다.

여기서 함께하는 사람들에 대해 생각해 봐야 한다. 우리가 함께한다면 나도 있고 너도 있고 그도 있고 더 많은 사람들이 있을 수 있다. 나를 포함한 함께한 우리는 장삼이사, 갑남을녀, 필부필부이다. 나는 별 볼 일 없는 사람이지만 함께한 다른 사람들도 나와 같이 별 볼 일 없기는 마찬가지일 수 있다. 그런데 어떤 계기로 다수 사람들의 행동에 주류가 형성된다. 그렇게 형성된 주류적 행동에는 합리적 근거도 없고 더군다나 과학적으로 증명된 것은 아무것도 없을 경우가 있다. 그럴 경우라 하더라도 다수의 선택이 되면 그런 근거나 증명은 이미 필요하지 않게 된다. 그리고 점점 많은 사람들이 주류의 행동을 따라하게 된다. 그 주류의 행동에 따라가면 위기 의식은 느끼지 않아도 된다. 이런 일은 우리 사회에서 벌어지는 일부 현상이 아니다. 우리가 살아가는 공동체에서 대부분의 일들이 단지 여러 사람들이 그 길을 택했다는 이유로 행해지곤 한다. 함께하려는 욕망의 극단을 동물들의 세계에서 흔히 볼 수 있다. 〈내셔널 지오그래픽〉 영상을 보면 백만 마리 이상의 누 떼가 사바나 초원을 떼 지어 달리는 영상이 나온다. 또는 호수 위에서 수백만 마리의 새가 춤을 추는 모습도 있다. 앞에서 달리거나 날면 그냥 쫓아 가면 된다. 뒤에 가는 누들과 새들은 자신이 왜 뛰고 있는지 어디로 날고 있는지 생각할 필요가 없다. 함께 있고 함께 달리고 날아가는 것이 중요할 뿐이다. 누들은 강을 건너면서 악어가 있는 것을 보아도 앞에 가는 누들을 열심히 쫓아간다. 어찌 보면 악어에게 죽음을 당할지라도 앞에 있는 동료를 따르는 것이 더 중요한 일인 것 같다.

우리가 사는 사회도 마찬가지이다. 내가 한국에서 자라면 함께하려는 욕망으로 한국 사람이 되고 다 같이 특정한 이웃 나라를 싫어하게 된다. 함께하려는 욕망이 특정 문화를 만들고 민족을 만들고 감정을 만들어 내게 된다.

또한 중동 아시아의 특정 지역에 태어나면 누구든 똑같은 신을 믿어야 하고 그 신은 절대적으로 옳다고 믿게 된다. 누군가 유럽 지역에 태어난다면 기독교 신을 믿고 그 신이 절대적으로 옳다고 믿게 된다. 본인이 믿어온 신 이외에 그 어떤 더 좋은 신도 본인을 행복하게 해 주지 못한다. 또는 아무리 과학적인 설명도 그 지역 사람들의 신앙을 바꿀 수 없다. 종교를 믿게 된 사람들은 대부분 그 지역에 태어났다는 이유로 특정 신을 믿게 되지만 믿게 된 이후부터 모든 사람들이 그 종교가 참이고 진리이기 때문에 믿게 된다고 고백한다. 지구상 수천 종류의 종교가 있지만 이들 모두는 함께하려는 욕망의 산물이며 모두가 각자 자신들의 믿음만이 옳다고 믿는다. 그들 사이의 대화는 거의 전적으로 불가능하다. 과학과 종교 사이, 또는 이 종교와 저 종교 간의 대화와 합리적 접점을 찾는 일은 가능하지 않다. 합리적 대화를 통해서 믿음을 갖게 되었거나 자신의 믿음을 바꾼 경우가 역사상 얼마나 많을까?

보수와 진보의 가치도 옳고 그름의 문제가 아니라 무엇을 믿을 것이냐 하는 선택의 문제이며 종교적인 믿음 못지않게 환경에 많은 영향을 받는다.

이런 무조건적으로 함께하기로 인한 집단적 광기가 역사적 참극을 빚은 일은 한두 가지가 아니다. 민족에 의한 민족의 학살이나 특정 이념 집단에 의한 다른 이념 집단의 학살, 특정 종교인들에 의한 다른 종교인들의 학살로 얼마나 많은 사람들이 죽었을까? 오늘날에는 주류적인 행동을 만들어 내고 조작하는 전문가들이 정치인들, 기업가들과 함께 일하고 있다. 이들이 인위적으로 주류적 행동을 부추기고 조작하여 비극을 만들어 낸 일 역시 많은 사례가 있다. 이런 일은 함께하려는 욕망과 항상성 유지에 대한 욕망이 빚은 나쁜 결과물들이다. 그러나 비극의 역사적 교훈에도 불구하고 그리고 인간 욕망의 위험성이 밝혀진 이후에도 여전히 우리들 대다수는 선택하고 행동할 때 함께하려는 욕망에 이끌리는 것이 사실이다.

혼자인 나는 불완전하고 세상에 대한 이해가 부족하다.

그래서 우리는 혼자서 살 수 없고 반드시 누군가와 함께해야만 한다. 그런데 함께 있으면 힘이 되고 위로가 되는 누군가도 나와 마찬가지로 불완전하고 세상에 대한 이해가 부족하다. 나는 뭐가 좋은 길인지 몰라서 그가 가는 방향으로 가고 싶은데 그도 역시 내가 가는 방향으로 가고 싶어 하고 나의 눈치를 살핀다. 몇 사람이 더 늘어나면 목소리 큰 사람의 주장도 있고 잘못된 합의도 있고 조작도 있고 강압도 있고 우연도 있고 오해도 있다. 그리고 그 과정에서 어떤 행동의 흐름이 생기면 그 흐름으로 사람들의 마음이 쏠린다. 그 길이 옳든 그르던 더 이상의 두려움은 없어진다. 모두가 주류에서 벗어나고 싶어 하지 않는다. 이렇게 생겨난 주류적 흐름들이 하나의 윤리나 문화를 형성하고 이념이나 제도를 형성하고 행위의 규범을 만들고 유행을 만드는 중요한 요인이 된다. 우리의 문화나 생활 습관 중에 이렇게 비합리적으로 결정된 것이 있을까? 있다면 얼마나 될까? 사실상 우리가 행하는 모든 행위의 규범들이 이렇게 생성되었고 그때그때의 변화를 겪어 오늘에 이르게 된 것이다. 과학적 결과물들을 제외하면 우리가 의지하고 살아가는 종교적 전통이나 관습, 문화, 법, 윤리 등 모든 문명적 행위 규범들이 합리적이지 않고 지혜롭지 않은 방법으로 만들어진 것이거나 그런 비합리적인 결과물들을 전제로 해서 생긴 것들이다. 인간의 욕망이 죄로 인식되는 문화 또한 그런 과정을 거친 것이다. 새로운 합의로 인류가 어떻게 살 것인가에 대한 행위 규범을 만들어야 하는 이유이다. 인류가 그런 합의를 만들 수 있을까? 이미 많은 사람이 적응하고 따르고 있기 때문에 함께하려는 욕망을 충족하고 있는 사람들의 마음을 움직일 수 있을까?

인류 다수의 행복을 위해 함께하고 싶은 욕망은 다시 설계되어야 한다. 함께하고 싶은 욕망은 대다수의 대중을 향하는 것이 아니라 지혜 있는 사람에게 맞춰져야 한다. 그리고 스스로 지혜 있는 사람이 되어야 한다. 대중은 걸어온 역사에 대한 인식이 없고 미래에 대한 책임도 없고 스스로에 대한 비전도 없다. 대중은 누 떼와 같이 들판을 뛰어 가는 사람들이다. 몇 마리의 누가 무리를 벗어나면 죽을 수 있고 위험한 것은 사실이다. 살기 위해서 함께하려는 욕망이 누에게도 인간에게도 진화로 정착되어 있는 것이다. 그러나 삶을 위해 형성된 함께하려는 욕망이 모든 일을 함께 하려는 욕망으로 넓혀져서는 안 된다. 대중 속에서 안심하는 일은 인간의 기본적인 욕망이지만 그 욕망을 올바로 향하게 하지 않는다면 개인이나 사회에 비극적 결과를 가져올 것이다. 대다수의 성공한 사람들과 지도자들은 많은 사람들이 가는 길을 보고는 있지만 절대 그 길에 합류하지 않는다. 많은 사람들이 가는 길에 성공은 없고, 승리도 없다. 다만 안심되는 위로만 있을 뿐이다.

특히나 자녀들의 교육에 있어 남들 하는 정도는 해야 한다는 부모들이 많다. 학원이든 과외든 선행 학습이든 예체능이든 남들이 하는 만큼을 시키고 싶어 한다. 그 '남들'은 누 떼와 비슷하게 그저 달리는 사람들이라는 것을 이해한다면 자녀들의 앞길을 그저 달리는 사람들의 운명에 맡기는 것은 옳지 않을 것이다.

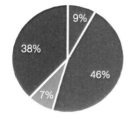

90%의 사람들이 믿고 있다면

- 30% 선에서 진실일 가능성이 있다
- 적어도 50% 이상의 진실일 가능성이 있다
- 90% 정도의 사실일 것이다
- 믿고 있는 사람들의 수는 중요하지 않다

9%
46%
7%
38%

90%의 사람들이 믿고 있는 어떤 일이 있다면 그것이 진실일 가능성은 얼마나 될까? 149명의 설문 응답자들 중 46%의 사람들이 50% 이상의 진실일 가능성이 있다고 답했다. 전체 응답자의 62%가 30~90%의 진실일 것이라고 생각했다. 다수의 사람들이 현명할 것이라는 생각은 전적으로 잘못된 생각이다. 다수의 사람들, 대중은 결코 현명할 수 없다. 의사 결정 과정에서 함께하려는 욕망이 작용하기 때문에 집합적인 사람들에게서 합리적인 결론은 만들어지기 어렵다.

함께하려는 욕망의 귀중한 가치만큼 그 문제점도 이해하고 우리의 욕망을 재설계하는 것이 필요하다. 다수가 동의하는 것에 막연하게 큰 가치를 부여하는 습관을 버리고 '왜'라고 묻는 일을 생활화해야 할 것이다.

인정받고 싶은 욕망

의식주가 확보되고 살 만해지면 가능한 모든 자원은 인정받
고 싶은 욕망의 충족을 위해 사용된다. 인정에 대한 욕망은
인간의 생존에 필수적인 욕망은 아니지만 사람들을 움직이는
가장 큰 동기이며 모든 소비 중에서 가장 큰 부분을 차지한다.

○ 치열한 전투에서 적진에 뛰어드는 젊은 소대장
○ 선생님의 칭찬 한마디에 귀까지 빨개지고 가슴 뛰는
   초등학생
○ 자신의 전 재산을 공익을 위해 내어 놓은 지구상 최고
   의 부자 빌 게이츠
○ 35만 달러짜리 다이아몬드 반지를 주인에게 돌려준
   로스앤젤레스의 택시 기사
○ 자신의 아이를 납치하여 살해한 살인범을 마침내 용
   서하는 아버지
○ 날씬해지기 위해 밤마다 헬스장을 찾아 땀을 흘리는
   30대 여성

○ 카톡에서 답글이 없으면 시무룩하고 페이스북에서 '좋아요'가 늘어날 때마다 행복해지는 10대 소년

이들이 움직인 이유는 매우 다양하고 아름다운 것이 사실이지만 이들 행위의 근저에는 인정받고 싶은 욕망이 자리하고 있다.

인정을 받기 위한 대가로 목숨마저 내놓을 수 있다는 것은 인정을 받고 싶은 욕망이 얼마나 큰 것인지 알려 준다. 아울러 인정을 받기 위한 욕망은 다른 어떤 욕망보다 명예롭게 여겨진다. 명예라는 것이 인정받는다는 의미가 있으므로 당연한 말이다. 경제학적으로 보면 명예나 인정에 대한 수요가 아주 크다고 볼 수 있고 큰 시장이 형성되어 있는 것이 사실이다. 인정받고 싶은 사람은 돈을 내거나 시간을 쓰거나 오랫동안 정직하거나 때로는 목숨을 내놓아야 한다. 그에 반해 인정하는 사람들은, 즉 인정에 대한 공급자들은 아무런 비용이 들지 않는다. 말 한마디, 표정 하나, 박수갈채로 인정이라는 귀중한 자원을 공급할 수 있다. 사실상 인정은 비용 없이 무한한 공급이 가능한 자원이다. 무한한 공급이 가능한 자원임에도 인정을 위해 값비싼 대가를 지불해야 하는 것은 왜 그런 것일까?

이것은 그만큼 사람들이 인정하는 것에 인색하기 때문이다.

인정받고 싶은 욕망은 크지만 스스로는 다른 사람들을 인정하는 것에 소극적이기 때문이다. 굳이 값비싼 대가를 치르지 않아도 내가 먼저 인정하면 상대도 나를 인정하는 것이 보통이다. 그럼에도 상대를 인정하기 싫은 사람들 중 자신의 인정받고 싶은 욕망을 채우고 싶은 사람들은 대가를 치러야 한다. 물론 상대를 충분히 인정하면서 자신이 더 많은 인정을 받기위해 자신의 자원을 아낌없이 사용하는 사람들도 많다.

대화 중에 자신의 말을 많이 들어주기를 바라면서 상대보다 압도적으로 많은 말을 하는 사람들이 있다. 보통은 직장 상사이거나 갑의 위치에 있는 사람들이다. 갑의 위치가 아닌 사람들이 대화를 독점하려면 밥 값을 내든 선물을 주든 뭔가를 해 줘야 한다. 그렇지 않고 일방적으로 대화를 독점하면 사람들의 비난을 받고 기피 인물이 되며 대화를 할 기회는 오히려 점점 줄어들 것이다. 인정받고 싶은 욕망에도 이와 동일한 메커니즘이 작동되고 있다.

인정받고 싶은 욕망에 대한 비용은 어떻게 가격이 매겨지게 될까?

누구든 나와 함께 밥을 먹으려면 설렁탕 값 1만 원이면 충분하다. 그러나 저스틴 쑨 트론 CEO와 찰리 리 라이트코인 개발자는 워런 버핏과의 점심식사를 위해 54억 원을 지불했다.

인정에 대한 비용도 이와 같다. 사실상 무한히 공급 가능한 자원이 '인정'인 것 같지만 저마다의 가치에 따라 각각 공급되는 인정의 가치나 가격도 다르게 결정된다. 자신이 인정하는 가치를 높이면 경우에 따라 돈으로 환산할 수 있다. 그런 경우는 흔히 일어나는 우리의 일상이다.

인정받고 싶은 욕망에 이렇게 자원을 낭비해도 되는지, 또는 인정받는 것이 그렇게 가치 있는 일인지 의문이 든다. 그러나 그런 의문에 대한 답을 시도하지는 않을 것이다. 다만 중요한 것은 그런 일이 현실에서 늘 벌어지고 있다는 사실이다. 그리고 나는 늘 벌어지는 그 일에 대해서 좀 더 바람직한 방법은 없는지 생각해 보았다.

청년들을 위해 사용되야 할 비용이 크고 정부의 예산이 필요하다는 것은 이미 언급한 바가 있다. 더불어 인정에 대한 수요가 크고 많은 비용이 사용되고 있다. 따라서 다음과 같이 제안하고 싶다.

1. 정부는 인정과 관련된 부처를 신설한다.
2. 그 부처를 명예청이라고 이름한다.
3. 명예청에서는 명예 구매자들을 파악하고 관련 서비스를 제공한다.
4. 명예청의 업무는 명예 구매자들을 파악하고 그들의 욕구를 충족시키고 그에 대한 대가를 세금으로 환수하는 것이다.
5. 명예를 충족시키는 방법으로 명예 칭호(공작, 백작 등 귀족 신분을 나타내던 칭호 포함)를 부여하는 일, 도로나 다리, 학교 등의 이름에 명예 구매자들의 이름을 붙여 주는 일, 관보에 게재하는 일, 모든 국립 병원이나 시설 등을 이용할 경우 평생 VIP 혜택을 제공하는 일, 공항 이용 시 명예 구매자들에게 혜택을 주는 일, 대학이나 지방자치단체에서 주기적으로 강연할 명예를 주는 일, TV 홍보, 지자체마다 공헌자의 사진을 게시하는 일, 돌아가신 명예 구매자들에게 군악대를 파견하는 일, 대통령이나 자치단체장과의 면담 등 다양한 방법을 통해 인정과 명예를 판매한다.
6. 명예청은 국정 홍보처와 협력하여 명예 구매자들이 국민의 존경을 받을 수 있도록 신심을 가지고 홍보한다.
7. 명예청은 돈도 많으면 명예도 따라오는 악습을 제거해야 하고 많이 번 돈을 제대로 사용하지 않는 사람들에게 불명예를 감수하도록 조치해야 한다.
8. 명예청 이외의 조직에서 명예를 사사로이 거래하는 일은 법으로 금지된다.

명예청의 궁극적 목적은 인정을 바라는 사람들이 사용하는 비용의 50% 정도를 세금으로 환수하고 내리사랑에 대한 욕망으로 재산을 자식들에게 물려주는 문화를 개선하여 한계 효용이 높은 청년층들을 위한 예산을 충분히 확보하는 데 있다.

어떤 사회에서는 돈 많은 사람들이 기부를 하고 어떤 사회에서는 돈 많은 사람들이 그 돈을 자식들에게 물려주려고 편법까지 사용한다. 그 이유는 무엇일까? 기부를 많이 하는 사회에서는 돈 많은 사람들이 기부를 통해 얻는 효용이 자식들에게 돈을 물려주는 효용보다 크기 때문이다. 자식들에게 돈을 물려주는 사회에서는 돈 많은 사람들이 자식들에게 돈을 물려주는 것의 효용이 기부하는 것의 효용보다 크다. 비교적 간단한 이유다. 그렇다면 정부가 할 일은 돈을 기부하거나 세금으로 내는 것의 효용이 가지고 있거나 물려주는 것의 효용보다 더 크게 만들어 주는 것이다. 이것이 명예청에서 하는 일이고 사회에서 한계 효용이 큰 집단에게 돈이 흐를 수 있는 원리다. 우리 경제의 문제는 더 이상 투자나 성장에 관한 문제가 아니라 돈의 재분배를 통해 사회적 효용을 높이는 일이다. 사회가 가진 것은 더 이상 부족하지 않다.

모든 명예를 돈을 많이 쓰는 사람들이 아니라 돈을 많이 가진 사람들이 누려야 한다면 정의롭지도 않고 합리적인 일도 아닐 것이다. 돈 많은 사람들에게 명예를 팔아 명예가 시급하지 않은 사람들에게 생존권을 부여하고 명예를 원하는 사람들에게는 인정받고 싶은 욕망을 맘껏 채워 줄 수 있다면 인간의 욕망을 조율하는 효율적인 정부라고 말할 수 있을 것이다.

정부로부터 명예를 얻기 어려운 사람들이라 하더라도 스스로 인정받고 싶은 욕망을 채울 방법들은 많이 있을 것이다.

누구에게 인정받는 것이 가장 명예로울까? 점수를 매겨 보자.

- 대통령
- 종교 단체
- 이웃사람들
- 학교나 직장 동료들
- 친구들
- 가족
- 자기 자신
- 방송국

아마도 자기 자신에게 인정받는 것이 가장 명예로운 것이 아닐까? 그리고 인정하는 데에 있어 가장 까다로운 것도 자기 자신이 아닐까? 그렇다면 스스로에게 인정받는 방법을 생각해 보고 그것을 위해 노력하자. 국가와 사회로부터의 명예는 부자들에게 주고 스스로에게 인정받는 사람이 되면 어떨까?

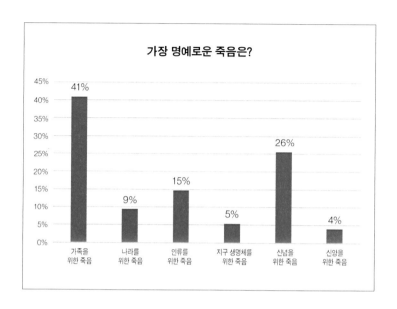

가장 명예로운 죽음은?

149명의 설문 응답자들에게 가장 명예로운 죽음은 어떤 것인지를 물었다. 41%의 사람들은 가족을 위한 죽음을, 26%의 사람들은 신념을 위한 죽음을 가장 명예롭게 여긴다고 응답하였다. 자기 스스로와 가족은 여전히 인정받아야 할 가장 중요한 대상이다. 부자가 아니어도 인정받고 싶은 욕구는 얼마든지 충족할 수 있다.

표현에 대한 욕망

표현에 대한 욕망이란 소통에 대한 욕망이기도 하고 예술에 대한 욕망이기도 하다. 표현을 통해 소통을 하고 공감을 하는 것으로 표현하는 사람이나 표현을 공감하는 사람 모두 표현에 대한 욕망을 갖고 있다고 말할 수 있다. 인간은 닫힌계에 살고 있다. 소통이 없다면 바로 옆방에서 내 가족이 고통에 신음하다 죽어가도 모를 수 있다. 인간의 뇌에서 생존의 기본 단위는 몸을 이루고 있는 한 단위이고 타인과는 신경망이 연결되어 있지 않아서 엄격한 의미로는 타인의 삶과 죽음, 고통과 쾌락은 나와는 완벽하게 단절되어 있다.

타인의 고통과 즐거움은 소통이 없다면 내게는 아무 일도 아니다.

인간과의 소통이 비교적 적은 닭이나 소, 돼지를 우리가 고통 속에서 키우고 잡아먹어도 아무런 느낌이 없는 것은 우리가 닫힌계라는 절대적인 감옥에서 살고 있기 때문이다.

아름다운 저녁 하늘을 보고 그 느낌을 표현하고자 시를 짓고 노래하고 그림을 그릴 수 있다. 또는 친구에게 그 모습과 감격을 말해 줄 수도 있다. 나에게서 일어난 놀라움과 가슴 벅찬 것들 그리고 슬픔들에 대해서 나 스스로는 확신할 수 없다. 닫힌계의 감옥에 있는 우리는 내부에서 일어나는 무언가를 표현해야 하고 외부의 피드백을 받아야 그 느낌에 대한 확신을 가질 수 있게 된다. 표현에 대한 욕망은 인간의 오래된 욕망이다. 인간은 타인의 표현을 통하여 내가 마음속으로 느꼈지만 표현할 수 없었던 것에 대해 공감하게 되고 쾌락을 느낀다. 그러면 그 표현을 했던 사람 역시 확신을 통해 기쁨을 느끼게 된다. 표현을 통해 의사소통은 물론 말로는 표현이 어려운 내적인 느낌, 감격과 비통, 어두움과 희망 등을 공유하게 된다. 나의 주관적 감정이 공감을 통하여 객관화되는 것이다. 이런 객관화 경험을 통해 인간은 가장 잘 공감되는 형식을 취하여 표현하게 되고 이런 것들이 음악이든 시든 미술이든 어떤 주류적인 방법으로 정형화된다. 그리고 형식이 정형화되면 공감을 하는 사람들 역시 특정한 형식을 통해서만 반응하는 경향을 보이기도 한다. 사람들은 일단 형식이 성립되면 변기를 가져다 놓아도 감정적인 공감을 이루게 된다. 사실주의적 표현에 따라 반응하는 시대라면 추상적인 표현에는 아무런 감응을 할 수 없다. 발라드에 반응하는 시대라면 락이나 랩에 감정적으로 반응하기 어렵다. 사람들은 표현에 대한 욕망과 이에 대한 형식적 체계에 대한 소비가 가장 품격이 높은 욕망이자 소비라는 인식을 갖게 된다. 그리고 이런 표현에 대한 욕망을 소비하는 큰 시장이 형성되어 있으며 국가도 예술인이나 예술 소비자들을 다양한 방법으로 지원하고 있다. 역사적으로 표현에 대한 욕망은 다른 욕망에 비해 우대를 받아 왔으며 특히 신을 표현하는 욕망은 오랜 기간 동안 부추겨지고 강요되어 왔다. 신에 대한 봉사를 오래해 왔기 때문에 표현에 대한 욕망이 성스럽게 포장된 측면이 있다. 그리고 아직도 표현에 대한 욕망은 가장 품격 높은 인간 욕망의 최고봉이고 비난의 두려움 없이 "나는 표현에 대한 욕망이 있어"라고 품위 있게 말할 수 있는 유일한 욕망이라고 할 수 있다.

1. 나는 많이 먹고 싶어.
2. 나는 남들에게 인정받고 싶어.
3. 나는 섹스를 하고 싶어.
4. 나는 습관대로 살고 싶어.
5. 나는 돈을 많이 벌고 싶어.
6. 나는 다른 사람들의 의견에 따르고 함께하고 싶어.
7. 나는 이기고 싶어.

8. 어떻게 될지 모르지만 한번 해 보고 싶어.

9. 나는 이 느낌을 시로 표현하고 싶어.

1에서 8까지의 모든 욕망에 곱지 않은 눈초리를 거둘 수 없지만 9의 표현에 대한 욕망에는 고상함이 따라다닌다.

표현에 대한 욕망이 닫힌계에 사는 인간들을 소통시키고 위로를 주는 부분이 있는 것이 사실이다. 그러나 이런 욕망이 다른 욕망에 비해 더 품위 있고 중요한 것이라는 근거는 없다. 신에게 봉사한 욕망이라는 점은 결코 명예로운 것만은 아니다. 표현에 대한 욕망은 인간 본래적인 것이기는 하지만 그 가치는 신에 대해 그 욕망이 봉사하기 이전의 가치 수준에서 다루어지는 것이 합당할 것이다. 표현의 욕망 속에 들어 있는 신비감이나 신성함의 껍질도 제거되어야 하고 예술 작품의 터무니없이 높은 가격도 조정되어야 한다. 다른 욕망들이 무시되고 죄의식 속에서 억압되었던 것이 참으로 부당한 것과 마찬가지로 예술이라는 욕망도 포장을 벗어 던지고 본래의 자리에 서야 한다는 것은 두말할 필요없이 바른 일이 될 것이다. 표현에 대한 욕망을 추구하는 젊은이들도 거품이 빠진 이 욕망을 자세히 들여다보기를 바라며 다른 욕망들에 대한 편견도 제거하고 자신의 욕망을 설계해 나가야 할 것이다.

교육에 있어서도 표현에 대한 욕망에 관련된 비용은 타 교
육보다 비싼 것이 보통이며 의욕도 없는 아이들에게 지나치게
많이 행해지는 것도 사실이다. 표현에 대한 욕망에 대해 부모
들의 깨달음이 필요하며 정부도 다른 욕망과의 형평성이 깨진
이유를 들여다보아야 한다.

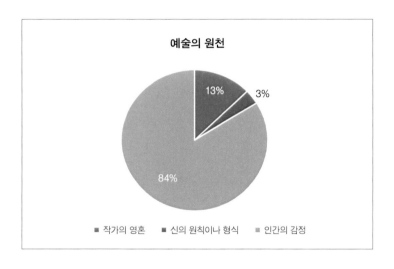

149명의 설문 응답자들 중 84%의 사람들은 예술의 원천을
인간의 감정에 있다고 생각했다. 예술 작품에서 작가의 영혼
이나 정신 또는 신이 제공하는 영감이나 형식이 존재한다고
믿는 것은 미신이다. 그때그때 감정을 세련되게 표현하는 방
법은 사회적 합의의 과정을 거친다. 표현하려는 욕망은 즐거
움을 주지만 신비화할 일은 아니다.

Part 06

빠른
욕망

빠른 욕망은 쾌감이나 행복을 즉시 가져다줄 수 있는 것들에 대한 욕망이다. 술이나 담배, 마약, 게임 등이 이에 해당한다. 이들은 사회적으로 건강이나 중독성의 문제 때문에 금지되거나 제한적으로 용인된 욕망이다.

빠른 욕망이란

빠른 욕망이란 마약, 담배, 술 등과 같이 쾌락이 크지만 중독성이 강하고 사회가 강하게 금욕을 권장하는 소비재를 기어이 소비하려는 욕망이다. 금지된 욕망은 하나의 독립된 성격으로 분류될 수 있는 욕망이 아니지만 함께 생각해 볼 의미가 있어 별도의 장으로 다루려 한다.

앞장에서 우리는 인간을 욕망을 추구하는 단위 생명으로 전제하였으며, 인간은 욕망 충족을 통해서만 행복을 만들어 갈 수 있다고 보았다. 그래서 행복한 삶을 위해서 기본 욕망을 충족해야 하고, 권장되는 욕망은 더 키우고, 자제할 필요가 있는 욕망은 더 줄이고, 설계해야 하는 욕망은 재설계하면서 효율적으로 욕망을 충족하고 관리하는 방안에 대해서 이야기했다. 그런데 우리의 전통적 욕망 충족 방법은 오랜 계획과 노력의 결과로 쾌감을 맛보는 방식인데 반해 금지된 욕망은 큰 노력 없이 단시간에 큰 쾌감을 맛보게 하는 방식으로 작동한다.

앞에 욕망에 대해 이야기하면서 욕망을 단순히 사람이 하고
싶은 어떤 것이라고 학문적 엄격함 없이 막연히 정의했었다.
그것은 학문적 논의가 과학적 근거를 가져야 하고 그 과학적
근거가 다시 인간이란 무엇인가에 대한 철학적 문제를 야기하
기 때문이었다. 따라서 실천적 문제를 다루려는 이 책의 의도
와 맞지 않는 방향으로 논의가 흐르는 것을 차단할 필요가 있
었다. 그러나 개별적인 욕망에 대한 전개가 마무리되는 시점
에서 우리가 다루었던 욕망의 실체가 무엇인지에 대해서는 짚
고 넘어가는 편이 좋을 것이고 금지된 욕망에 대한 이해를 넓
히는 데도 도움이 될 것이다.

욕망과 호르몬의 관계

　생물학적으로 우리의 욕망은 신경계와 호르몬의 작용에 의해 흥분되고자 하는 상태라고 정의할 수 있다.

　20세기 들어 발견되기 시작한 호르몬의 생물학적 연구에 의하면 인간의 욕망은 호르몬에 의해 조정되며 호르몬이 우리 몸의 실제 주인일 수 있다는 의견이 제시되고 있다. 실제 주인이라는 말은 우리 행위의 원인이 되는 인자라는 뜻이다. 3천 개가 넘는 것으로 추정되는 호르몬 중에서 과학자들이 파악한 것은 100여 종류에 불과하고 파악된 호르몬조차 그 작용 기전이 완전히 알려져 있는 것은 아니지만 호르몬이 인간 욕망의 중요한 근원인 것은 확실한 것 같다. 호르몬의 기전이 완전히 알려지지 않았음에도 아래와 같이 예시되는 욕망과 호르몬은 밀접한 관련이 있다.

　1. 먹고 싶은 욕망은 그렐린과 몇 종류의 식욕 항진 호르몬의 작용과 연관되어 있다.

2. 승리에 대한 욕망은 테스토스테론을 비롯한 세 종류
   의 남성호르몬의 작용과 연관되어 있다.

3. 함께하려는 욕망은 에스트로겐과 프로게스테론과 같
   은 여성호르몬의 작용과 연관되어 있다.

4. 성에 대한 욕망은 바소프레신과 도파민, 옥시토신의
   작용과 연관되어 있다.

5. 내리사랑에 대한 욕망은 옥시토신의 작용과 연관되어
   있다.

6. 권리에 대한 욕망은 도파민, 아드레날린, 노르아드레
   날린의 작용과 연관되어 있다.

여섯 가지의 욕망과 호르몬의 관계를 들었지만 앞장에서 논의된 열두 가지의 독립된 욕망들 모두가 호르몬과 그 수용체 그리고 신경세포로 이루어진 신경계의 상호작용에 의하여 작동된다고 볼 수 있다. 그리고 우리의 삶 속에서 계획하고 행위하는 일들은 우리의 욕망을 충족하려는 과정이다. 그렇다면 우리의 계획과 행위의 유발 원천은 호르몬이라고 할 수 있다. 호르몬의 화학 작용과 신경계의 전기 자극이 반응을 주고받으며 욕망을 만들고 욕망 충족을 위한 행위들을 유발한다. 우리가 행복이라고 부르는 것은 행복과 관련된 호르몬이 많이

흥분되는 것을 말하는 것이며 행복을 추구하는 행위는 행복과 관련된 호르몬이 흥분될 수 있도록 외부의 환경을 만들어 나가는 것을 말한다.

우리의 욕망과 행복이 호르몬과 관련이 있다고 해서 우리의 욕망과 행복의 가치가 평가절하될 필요는 없다. 인간 행위에 대한 과학의 한 설명이 그렇다는 것이다. 그러나 이런 과학적 설명이 인간 욕망의 충족 문제를, 즉 행복의 문제를 풀어 갈 수 있는 하나의 열쇠가 될 수 있다.

마약의 이용과
욕망의 충족

행복이 행복과 연관된 호르몬의 흥분과 밀접한 연관이 있다면 일차적으로 운동을 하거나 사랑을 하거나 위험한 도전에 성공하는 방법으로 행복 호르몬을 활성화하지만 그런 일이 어려운 사람들에게 호르몬을 직접 투여하는 인위적 방법으로 행복을 활성화시키는 것이 나쁜 일은 아닐 것이다. 금지된 욕망과 관련된 마약이나 술, 담배 등은 호르몬을 활성화하는 물질로 이용되어 왔으며 이는 많은 사람들이 오랜 역사를 통해 이용한 방법이기도 하다. 이 장에서는 특히나 사회적으로 최고도의 금기가 설정되어 있는 마약의 이용과 욕망의 충족에 대해 살펴보려고 한다.

마약은 주입하는 즉시 엔돌핀이나 도파민, 세로토닌, 노르아드레날린 등 행복을 조절하는 호르몬이 흘러넘치게 된다. 건강한 사람들은 그런 쉽고 값싼 행복을 경멸해 왔다.

그리고 과다한 마약 복용으로 인한 인격의 황폐화, 사회 생활 능력 저하, 금단 증상 등으로 사회적, 국가적 건강성을 약화할 수 있기 때문에 개인의 선호와 관계없이 대부분의 국가에서는 마약을 엄격히 금지하고 있다. 마약의 금지는 개인의 행복추구권와 사회의 건강성 유지 사이에서 사회의 건강성 유지가 강조된 결과이다.

마약에 관한
몇 가지 의문

마약이란 사전적으로 '마취 작용을 하며 습관성이 있어서 장복하면 중독 증상을 나타내는 물질을 통틀어 이르는 말'로 정의된다. 여기에는 아편, 모르핀, 코카인, 헤로인, 코데인, 메타돈, 엘에스디 등 셀 수 없이 많은 종류가 있으며 마리화나라고 불리는 대마초도 마약류로 분류된다. 다양한 증상과 다양한 효과를 가진 많은 종류의 물질을 우리가 마약이라고 통칭하는 것은 정부의 의지와 관련 있다. 어떤 물질이든 정부에서 정하면 그 순간부터 마약이 되는 것이다. 정부가 마약을 규제하는 것이 국민들의 건강을 위하여 당연히 해야 할 일을 하는 것이라는 사실을 의심하는 사람들은 거의 없다. 그러나 몇 가지 점에서 의문의 여지가 있다.

첫 번째는 마약이란 것이 정말 그렇게 나쁜 것인가에 관한 것이고 두 번째는 마약에 관한 정보가 절대적으로 부족한 상황에서 국민들의 권리가 혹시 제한당하고 있지는 않은지에 관한 사항이다.

마약은 그 독성과 의존성에 따라 소프트 드러그와 하드 드러그로 나누기도 한다. 소프트 드러그의 경우 하드 드러그와 함께 마약으로 분류되지만 다 함께 마약으로 부르기에는 그 차이가 크다. 사실 담배와 술은 소프트 드러그와 하드 드러그 사이에 있다고 보아야 한다. 대마초나 엑스터시 등 소프트 드러그는 담배나 알코올에 비해 의존도와 독성 평가 모두에서 더 순한 것으로 평가된다. 뉴스에서 유명인들이 많이 이용하곤 했다고 알려진 프로포폴도 약물 자체는 중독성이 거의 없다고 한다. 사실상 사람들에게 큰 위로를 줄 수 있는 비중독성 약물들이 마약으로 분류되어 그 접근권이 심하게 제한되어 있다는 것은 국민들에게 민주주의는 좋은 것이지만 사람들의 민도가 미치지 못하기 때문에 상당 기간 독재를 하는 것이 더 좋을 수 있다는 논리와 다르지 않다.

　실제로 마약이 합법화된 네덜란드의 경우 대마초 흡연율이 마약이 불법인 미국의 대마초 흡연율의 절반 정도라는 것은 마약을 합법화하고 국민들에게 그 정보를 공개하면 큰일이라도 날 것 같은 위협은 합당하지 않다는 것을 알려 주고 있다. 내 경우는 마약에 접근해 본 적이 없으며 그것이 어떻게 좋은지도 알지 못하지만 스스로의 선택이 아니라 모든 정보가 원천 차단된 상태에서 인간의 욕망이 제한되고 있다는 것은 바람직하지 않다고 생각한다. 특히 대마초나 프로포폴같이 독성과 의존성이 약한 약물들이 오남용으로 인한 문제점만 부각되고 그것이 담배나 술보다는 훨씬 안전할 수 있다는 사실이 언급되지 않는 것은 유감스럽다. 아울러 대마초나 프로포폴을 했다는 이유만으로 죄인이 되고 재판을 받아야 하는 상황은 대단히 인위적이고 그 근거 또한 매우 취약하다고 할 수 있다. 일반적으로 많은 사람들은 마약이라면 헤로인이나 코카인같이 중독성이 강해서 인생을 망치기 쉬운 약품을 떠올리게 된다. 그런데 막상 연성적이면서도 사람들에게 즐거움을 줄 수 있는 것들을 마약이라는 하나의 이름 아래 통합 관리하면서 접근권을 제한하는 것은 과도한 규제로 보여진다.

이렇게 분류해 볼 수 있다.

1. 중독 가능 품목: 대마초나 프로포폴 같은 소프트 드러그
2. 중독 위험 품목: 술이나 담배
3. 마약: 헤로인이나 코카인

여기서 말하고자 하는 것은 마약을 해야만 한다는 것이 아니고 상대적으로 위험하지도 않은 것을 마약이라는 이름을 붙여 금지하고 국민들의 선택권을 제한해서는 안 된다는 것이다.

소프트 드러그에
대한 생각

정신과 전문의들의 목표는 우울한 사람들을 우울하지 않게 하는 것이지만 즐겁지 않은 사람들을 즐겁게 하는 것으로 더욱 적극적으로 임상에 대처하는 것이 바람직한 방향이다. 따라서 즐겁지 않은 사람들은 정신과 전문의들을 방문하고 정신과 전문의들의 처방으로 '중독 가능 품목'을 복용할 수 있는 방식으로 점차적으로 선택의 폭을 넓히는 것이 인간 욕망에 대한 합리적 대안이 될 것이다.

죽음을 혐오하고 죽음을 나쁜 것으로 보면서 죽음에 대한 권리를 제한하는 것이 정부의 월권에 해당하는 것과 마찬가지로 인간이 쾌락을 느낄 수 있는 가장 빠른 방법에 대해 과도한 제한을 가하는 것 역시 정부의 월권에 해당한다.

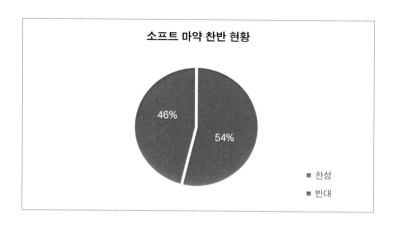

소프트 마약 찬반 현황

46%

54%

■ 찬성
■ 반대

149명의 설문 응답자들에게 다음과 같이 물었다.

"어떤 종류의 약이 마약으로 분류되어 있지만 술이나 담배보다 해악이나 중독성이 적고 쾌락을 준다면 그 약 또한 사람들이 이용할 수 있는 권리의 하나라는 것에 동의하십니까?"

응답자들 중 약 54%의 사람들이 그렇다고 대답했다. 연성적인 경우 마약도 하나의 권리이고 우리의 쾌락과 행복을 위한 유용한 하나의 도구라는 것을 인정하기 위해서는 발상의 전환이 필요하다. 무조건 욕망을 나쁜 것으로 인식했던 시대에서 벗어나 욕망을 우리의 존재 이유라고 인식하는 것만큼의 전환 말이다. 행복을 좀 더 적극적이고 다양하게 선택할 수 있는 권리가 우리에게 있다. 우리는 그 권리에 대해 생각할 기회마저 가져 보지 못했다.

Part 07

그 외의
욕망과
비용

없는 욕망을
만들어 내는 사회

지금까지 인간 욕망에 대해 하나씩 살펴보았는데 인간의 욕망은 무엇이건 이미 논의된 열세 가지(금지된 욕망 포함) 범주에 모두 들어간다고 할 수 있다. 이번 장에서는 인간 욕망이 다양한 형태로 발현되고 변해 가는 상황을 짚어 보려고 한다. 다음과 같은 행위들을 보자.

○ 남자친구가 생각이 나서 화상 전화를 했는데 연결이 돼서 그의 얼굴을 보며 대화했다. 보고 싶은데 5초 이내에 보지 못하면 짜증이 난다.

○ 출근할 때 루이비통 핸드백을 메고 갔더니 김 대리가 진짜냐고 물어봤다. 척 보면 모르나? 너무 불쾌했다.

○ 인스타그램에 내 얼굴을 사진 찍어서 올렸더니 어젯밤까지 '좋아요'가 123개나 된다. 행복하다.

- 매일 아침 일어나면 아이스 라떼를 마셔야 된다. 바빠서 거르고 출근하면 하루 종일 일이 잘 안 된다.
- 원음에 가까운 음악을 듣고 싶어서 스피커를 교체했다.
- 설화수로 화장품을 바꿨다.
- 오전에 깜박 잊고 휴대폰을 두고 차를 타고 나갔다가 30분이나 지나서야 알게 되었다. 어쩔 수 없이 다시 돌아와 휴대폰을 들고 나섰다. 이제는 휴대폰 없이 밖에 나다니는 것도 불안하다.
- 낚시를 가려고 날씨를 검색해 보니 비가 온다고 해서 취소를 했더니 하루 종일 날씨가 좋았다. 이게 도대체 뭐 하는 일인가?

위의 행위들은 우리의 욕망들을 해소하기 위한 행위들 중 일부이다. 우리가 욕망을 해소하는 방법들은 역사적 시간과의 관계 속에서 지속적으로 변해 왔다. 우리가 욕망을 해소하기 위해 하는 행위들은 굳어져서 문화가 된다. 하나의 정착된 문화 속에서 그 문화의 구성원들은 각각의 욕망들을 해소하는 비슷한 행위들을 하게 된다. 루이비통을 메고 다니면 인정받고 싶은 욕망이 충족되지만 문화가 바뀌면 그것은 아무런 욕망 충족 조건이 될 수 없을지도 모른다. 예전에는 한 시간을 걸어 친구의 집에 가서 친구와 만나 얼굴을 보면 행복했지만 이제는 보고 싶은 사람을 5초 이내에 보지 못하면 짜증이 날 수도 있는 세상이 되었다. 5초 이내에 누군가를 보고 싶다는 욕구는 예전에는 없던 욕구이다. 포켓몬을 많이 모으면 '인정받고 싶은 욕망'이나 '승리에 대한 욕망'이 충족되지만 사실상 포켓몬을 모으는 행위는 사람들에게 그 자체로는 아무것도 아니고 오직 그 시대 그 문화의 코드에서만 작동하는 것이다. 의식주와 성적 욕망을 충족하는 행위들은 크게 바뀐 것이 없지만 그 외에 다른 욕망들을 충족하기 위해 하는 행위들은 시간적 유행을 따라 꾸준히 변해 왔다. 어떤 의미에서는 인간들에게 전혀 필요치 않은 일들에 대한 욕구를 만들어 내고 그것을 욕망 해소의 수단으로 삼는 경우가 많다는 것이다. 우리가 욕망의 본성을 이해하면 욕망의 본성과 무관한 어떤 행위에 의한 욕망 충족의 방안들을 관리할 수 있게 된다. 충동적 행위들에 대해 한걸음 떨어져 행위들의 의미를 알게 되고 행위들의 근저에 놓인 열세 가지의 욕망을 충족하는 본래적 의미에 충실할 수 있게 된다는 뜻이다.

예를 들면 루이비통을 메고 다닌다는 하나의 행위 속에 인정받고 싶은 욕망이 들어 있다면, 그것이 단지 시대적 코드 속에서만 작동하는 것이라면, 그것이 포켓몬을 모으는 행위와 다를 바 없는 것이라면, 그리고 그것을 위해 많은 비용이 들어 다른 욕망의 충족을 방해할 것이라는 판단이 든다면 우리는 우리의 행위에 대한 다른 대안을 충분히 찾아낼 수 있을 것이다. 아울러 루이비통을 메고 다니는 사람들의 모습을 보고 느끼는 우리의 부러움도 다른 태도로 변화될 수 있을 것이다.

이 책에서 명예청을 제안한 이유도 인간의 욕망이 특정한 문화적, 상징적 행위들에 의해 충족될 수 있고 그런 행위들에 대한 관리가 가능하다는 데 있다. 루이비통이 하나의 문화 코드라면 명예청에서는 명예 구매자들에게 루이비통보다, 벤츠보다, 강남 아파트보다 더 명예로운 문화 코드를 서비스하여 그들의 비용이 욕망의 충족에 맞도록 사용되게 해야 할 것이다.

사실 인간이 욕망을 충족해 나가는 존재라고 한다면 문명의 발전이 인간의 욕망 충족을 점차로 완성시켜 준다고 하기보다는 오히려 기존에는 필요치도 않던 행위들로 욕망을 욕망하도록 부추기는 면이 있다고 할 것이다. 그래서 갈증만 더해 갈 뿐 욕망 충족은 더 멀어질 뿐이라는 생각이 든다. 원하지 않아도 될 일을 원하게 하는 것이 문명과 문화의 다른 얼굴이라 할 것이다.

그래서 인간은 열세 가지의 욕망에 충실할 뿐 시대에 따라 변하는 욕망 충족의 방법적 행위들에 연연하지 않아야 행복에 더 접근할 수 있을 것이다.

특히 없던 욕망이나 필요를 만들어 내는 광고에는 주의를 기울여야 한다. 인간을 풍요롭게 해 주는 경제적인 번영 속에는 없는 욕망을 끊임없이 만들어 내는 기업과 선동가들이 있다. 그 결과가 의식주에 대한 욕망이나 성에 대한 욕망과 같이 반드시 필요한 욕망에 사용되는 비용보다 불요불급한 행위들에 대한 비용이 훨씬 더 많이 사용되고 여전히 한쪽에서는 굶주리거나 성에 대한 불만이 가득 차 있는 이유가 되는 것이다. 굶주리는 타인의 십 년 치 식량에 해당되는 비용을 들여 루이비통을 메고 다닌다는 것이 인정받고 싶은 욕망의 충족을 위한 하나의 단위 행동이라면, 그리고 그것이 단지 일시적이고 문화적인 코드를 소비하는 행위에 불과하다면 욕망 충족에 대한 우리의 반성적 관리가 필요하다고 할 것이다.

문화적인 욕구 전체를 전혀 의미 없는 것으로 매도할 생각은 없지만 아무 생각 없이 그 욕구를 전면적으로 수용하는 것은 사회 전체적 효용성 제고를 위해서 바람직하지 않고 개인들을 불행감에 빠뜨리는 일이 될 것이라는 점을 강조하고 싶다.

향후 국가의 가장 중요한 책무의 하나는 문화적 코드와 욕망들이 사회 전체적 효용성을 극대화하는 일들과 일치되도록 하는 것이다. 그래야 한정된 자원으로 충분한 욕망의 충족을 달성할 수 있을 것이다. 그래서 명예청은 미래를 위해 가장 필요하고 중요한 정부 부처가 되어야 한다.

욕망 충족을 위한
비용과 행복도

　13가지 욕망 충족을 위해 비용이 어떻게 사용되고 있는지 아래 3명의 사례를 통해 살펴보자. 아래의 비용은 A, B, C 3가구의 월 사용 비용을 각 욕망의 항목별로 나타낸 것이다. 비율은 총 사용 비용에 대한 항목별 비율을 나타낸 것이며 행복도는 각각의 비용을 사용하여 만들어 낸 행복도를 나타낸 것이다.

> ○ A: 40대이며 두 자녀를 두었다. 정부 기관 연구소에서 근무 중이다. 월 평균 소득은 세전 650만 원이며 자산은 집을 포함하여 5억 원 정도이다.
> ○ B: 50대이며 세 자녀를 두었다. 국내 유명한 대기업 재벌 총수이다. 월 평균 소득은 10억 원이며 자산은 1조 원 정도이다.

○ C: 60대 미국인이며 세 자녀를 두었다. 월 평균 소득은 1,000억 원이며 자산은 100조 원 정도이다. 미국 컴퓨터 운영 체제 및 어플리케이션 소프트웨어 개발로 사업을 일으켰으며 세계 최고의 부자 중 한 명이다.

욕망	A			B			C		
	비용/월 (단위: 만 원)	비율 (%)	행복도 (%)	비용/월 (단위: 만 원)	비율 (%)	행복도 (%)	비용/월 (단위: 만 원)	비율 (%)	행복도 (%)
먹는 것에 대한 욕망	70	16.8	90	200	0.2	70	200	0.0	80
성에 대한 욕망	30	7.2	70	30	0.0	50	50	0.0	70
내리사랑에 대한 욕망	120	28.8	80	100,000	89.9	30	3,000	0.0	80
권리에 대한 욕망	6	1.4	80	-	0.0	30	-	0.0	100
항상성 유지에 대한 욕망	10	2.4	70	100	0.1	90	300	0.0	80
지식에 대한 욕망	20	4.8	85	30	0.0	85	100	0.0	95
경험에 대한 욕망	50	12.0	90	500	0.4	80	10,000	0.0	85
승리에 대한 욕망	5	1.2	90	30	0.0	95	100	0.0	70
승진에 대한 욕망	15	3.6	80	20	0.0	80	100	0.0	80
함께하려는 욕망	30	7.2	85	100	0.1	75	1,000	0.0	70
인정받고 싶은 욕망	30	7.2	85	10,000	9.0	95	100,000,000	100.0	95
표현에 대한 욕망	10	2.4	70	100	0.1	65	500	0.0	90
금지된 것에 대한 욕망	20	4.8	30	100	0.1	30	100	0.0	10
합계	416	100.0	77	111,210	100.0	71	100,015,450	100.0	77

1. 먹는 것에 대한 욕망을 위한 비용과 행복도

먹는 것에 대한 욕망을 위해 쓰는 비용은 B와 C가 A보다 많았다. 그럼에도 A는 월 총 비용의 16.8%를 먹는 비용으로 사용했고 B와 C의 경우 먹는 것으로 사용되는 비용의 비율은 의미 없는 수준이었다. 먹는 것에 대한 욕망의 충족과 행복도는 평소 먹는 것을 좋아하고 비교적 젊고 건강한 A가 높았다.

먹는 것에 대한 욕망을 위한 비용에는 보통 의식주 비용이 모두 포함되지만 여기서는 외식비와 식료품비만을 계상하였다.

2. 성에 대한 욕망을 위한 비용과 행복도

결혼한 세 사람은 성을 위한 비용을 많이 쓰지 않았다. 비용과 상관없이 행복도는 개인의 성에 대한 선호도에 따라 차이를 보였다.

3. 내리사랑에 대한 욕망을 위한 비용과 행복도

두 자녀를 둔 A씨는 그의 비용 중 가장 큰 비중인 28.8%를 내리사랑에 대한 욕망을 충족하기 위해 사용하였다. 세 자녀를 둔 B씨는 89.9%의 비용을 이 항목에 사용하였다.

B씨의 경우에는 자녀들에게 증여한 금액을 합하여 월 금액으로 나누어 계상한 것이다. C의 경우는 세 자녀들에게 그의 재산 중 아주 일부분인 100억 원씩을 각각 증여하기로 했으므로 월 사용 금액으로 나누어 계상한 것이다. 큰 비용이기는 하나 C의 수익과 자산이 워낙 커서 이 항목에 대한 비용의 비중은 거의 0%에 가까울 정도로 미미했다. 내리사랑에 대한 욕망을 충족하기 위한 비용을 사용하여 얻는 행복도는 비용의 크기 및 이 항목이 전체에서 차지하는 비중과는 관련이 없는 듯 보였다. A의 자녀들은 물려받을 것이 없다는 것을 알고 기대하지 않았으며 부모가 키워주고 많은 추억을 함께하는 것을 감사히 여기고 있었기 때문에 A는 그가 사용하는 비용이 B나 C에 비해 훨씬 적은 금액이었지만 행복도에서는 높은 점수를 나타냈다. B의 경우에는 자녀들에게 큰 금액을 나누어 주었지만 자녀들이 공평함에 문제를 삼고 형제들간 상호 반목하면서 괴로움을 겪고 있었다. 따라서 B는 그의 거의 대부분의 재산을 내리사랑을 위한 욕망 충족을 위해 썼지만 그 비용의 효율성은 지극히 낮았고 가장 적은 비용을 쓴 A나 가장 적은 비중의 비용을 사용한 C에 비해서도 내리사랑으로 인한 행복도가 많이 떨어졌다.

4. 권리에 대한 욕망을 위한 비용과 행복도

B는 A의 재산의 1천 배, C는 A의 재산의 10만 배를 가졌지만 셋 모두 중산층 이상의 생활을 하기에 불편함이 없었다. 또 이미 안정적 수익이 있었기 때문에 권리에 대한 욕망을 위해 의미 있는 비용을 지불할 이유가 없었다. 셋 모두 정치적 권리에 대한 야망은 가지고 있지 않았다. A는 가장 적은 돈을 가졌지만 권리에 대한 욕망이 과하지 않았기 때문에 현재의 생활에 만족하였으며 권리에 대한 욕망의 충족되어 어느 정도의 행복감을 느끼고 있었다. A의 권리에 대한 행복도는 80%이다. B의 경우에는 사업을 더 키우고 싶었으며 그의 현재의 상태에 만족하지 않았기 때문에 권리의 상징인 돈의 보유 규모가 엄청 났지만 그로 인한 만족감은 크지 않았다. B의 권리에 대한 만족감은 A와 같은 80%였다. C의 경우에는 돈이 행복을 가져올 것이라는 생각을 가지고 있지 않고 돈을 잘 사용하는 것에 행복감을 느낀다. 그리고 C는 보유한 권리가 엄청 큰데도 권리에 대한 욕망 자체가 적으므로 만족도는 100%에 이르렀다.

5. 항상성 유지에 대한 욕망을 위한 비용과 행복도

A, B, C 세 사람 모두 자신의 건강을 위해 운동하며 비용을 지출하고 있다. 또한 신념에 대한 확신을 가지고 정체성을 유지하고 있다. 다만 B의 경우에는 변화를 중시하며 변화 자체를 항상성의 중점에 두고 항상성 유지에 대한 욕망을 최소로 관리하므로 항상성 유지에 대한 행복도가 비교적 높은 편인 90%로 나타났다. 항상성 유지에 대한 비용의 가장 큰 부분은 종교 단체에 헌금을 내는 것인데 세 사람 모두 종교가 없어 항상성 유지에 대한 비용은 낮은 편이다. 다음과 같이 C가 《타임》과 회견한 내용을 통해 C의 신과 종교에 대한 견해를 알 수 있다.

> "I don't have any evidence of that⋯. Just in terms of allocation of time resources, religion is not very efficient. There's a lot more I could be doing on a Sunday morning."
> - C, when asked about religion and God's existence in "Time" magazine

6. 지식에 대한 욕망을 위한 비용과 행복도

A, B, C 세 사람 모두 신문을 읽으며 독서를 좋아하고 호기심이 많은 편이다. 사용되는 비용은 많지 않으며 책을 많이 읽는 C의 경우가 지식에 대한 욕망의 충족이 높고 이에 대한 행복도도 높은 것으로 나타났다.

7. 경험에 대한 욕망을 위한 비용과 행복도

경험에 대한 욕망을 위한 비용은 여행이나 새로운 도전을 위해 사용되는 비용이다. A의 경우 경험에 대한 욕망을 충족하기 위해 그의 월 사용 비용 총액의 12% 정도를 사용하고 있었는데 이는 내리사랑과 먹는 것에 대한 욕망을 위한 비용 다음으로 큰 비중이었다. 경험을 위한 비용으로 A에 비해 각각 10배와 200배의 비용을 사용한 B와 C의 경우는 일상적으로 바쁜 스케줄에 충분한 시간을 내기가 어려워 상대적으로 비용 대비 효과를 충분히 누리지 못하고 있었다. 경험에 대한 욕망을 위해 비용을 사용하고 얻은 행복도는 A가 가장 높은 90%로 나타났다.

8. 승리에 대한 욕망을 위한 비용과 행복도

A, B, C 모두 승리에 대한 욕망을 위한 비용은 크게 사용하지 않았고 일상적인 생활 습관이나 취미와 연관되어 있었다. A의 경우 바둑이나 당구, 포커 게임을 통해 승리에 대한 욕망을 실현하고 평상시의 작은 계획에도 승부 근성을 가지고 실행을 추진해 나가기 때문에 승리에 대한 욕망의 만족도나 성취감이 높은 편이다. B의 경우 사업을 확대하는 것을 인생의 큰 책임이자 승부로 생각하고 있으며 타고난 승부사의 기질이 있어 승리에 대한 감수성이 높은 편이다. C는 사업을 일으킬 때는 비겁한 일도 서슴없이 했지만 성공한 사업가가 된 이후로는 인생을 승부로 생각하지 않고 돈을 잘 사용하는 것에 대한 책임감을 갖게 되었다. 따라서 승리에 대한 관심은 많지 않고 승리에 대한 욕망으로부터 얻는 행복도가 상대적으로 낮은 편이다.

9. 습관에 대한 욕망을 위한 비용과 행복도

습관에 대한 비용은 나쁜 습관을 많이 가지고 있지 않는 한 비용이 많이 드는 욕망은 아니다. 습관에 대한 욕망은 하루하루 생활의 방식이기 때문에 변화를 많이 좋아하지 않는 C의 경우가 만족도가 높은 편이다. 아울러 하루하루를 승부와 도전으로 생각하는 A와 B는 상대적으로 습관에 대한 욕망으로 인한 만족도가 낮으며 이에 대한 행복도도 낮은 편이다.

10. 함께하려는 욕망을 위한 비용과 행복도

함께하려는 욕망은 타인이나 타인의 생각에 동조화하려는 욕망이다. A는 이 욕망을 위해 그의 월 비용 중 7.2%를 사용하고 있으므로 적지 않은 비중을 갖고 있다고 해야 할 것이다. 이는 축의금이나 조의금, 친구와 함께하는 술자리 비용 등을 포함한다. B나 C의 경우에는 타인과 동조화를 하기보다 자신의 세계를 강하게 구축하고 있으므로 함께하려는 욕망에 대한 비용은 상대적으로 적은 편이며 이에 대한 행복도도 낮은 편이다.

11. 인정받고 싶은 욕망을 위한 비용과 행복도

C의 경우 그의 비용의 거의 전부를 재단에 기부하기로 하였고 그에 따른 성과도 훌륭하였기 때문에 C는 인정받고 싶은 욕망을 최대한 충족하였다고 볼 수 있다. B의 경우는 그의 사용 비용 중 9%를 기부금 등으로 인정받고 싶은 욕망을 위해 돈을 썼지만 C에 비해서 상대적으로 아

주 적은 비중의 금액을 사용하였다. 한국 사회에서 인정을 받는 경우는 돈을 많이 쓰는 사람보다는 돈을 많이 갖고 있는 사람이기 때문에 B의 경우는 굳이 돈을 많이 쓰지 않고도 인정받고 싶은 욕망을 최대한 채울 수 있었고 그에 대한 행복도 아주 높은 편이다. B와 C는 동일하게 행복도 95%를 나타냈다. A의 경우는 그의 월 비용의 7.2%를 인정받기 위한 욕망을 충족하기 위해 사용하였으며 이는 부모님 용돈, 화장품 비용, 기부금 등이 포함된 비용이다. B와 C에 비해 상대적으로 적은 비중과 금액을 사용하였지만 주변에서 A의 평판이 좋아 만족감을 유지하고 있는 것으로 보인다.

12. 표현에 대한 욕망을 위한 비용과 행복도

표현에 대한 욕망은 자신의 감정을 표현하는 대화를 하거나 예술적 감수성에 상응하는 행위를 하는 것을 말하는데 노래방, 공연 관람, 음반 구입, 시집 구입 등의 비용이 든다. 이 분야에 특별한 전문적인 지식이나 재능이 없다면 의미 있는 비용을 들일 만큼 많은 비용을 사용할 필요는 없다. A, B, C 세 사람 모두 의미 있는 비용을 사용하지는 않았으며 표현에 대한 욕망은 감정을 표현하는 대화를 하는 방법으로 충족하였다. 상대적으로 B의 경우 정서적 감수성이 낮아 표현에 대한 욕망으로부터 오는 행복도도 낮은 편이었다.

13. 금지된 욕망을 위한 비용과 행복도

A, B, C 세 사람 모두 마약을 복용하지 않으며 약간의 술을 때에 따라 소비할 뿐이다. 금지된 욕망에 대한 충족을 경험해 본 적이 없으며 따라서 이에 대한 행복도도 많이 떨어지는 편이다.

위의 비용과 행복도 관련 표는 약간의 정보와 대부분의 추정으로 산정되었다. 사용 금액의 차이는 있겠지만 사용 금액의 비율은 추정된 전제에 맞게 상당히 근접한 내용일 것이라고 생각한다. 추정된 행복도 역시 저자의 추정이다. 동일한 수익과 재산을 가지고 있어도 사람에 따라 다른 결과가 나올 수 있을 것이다. 그럼에도 욕망과 그 충족을 위해 사용되는 비용과 행복의 상관관계를 살펴보기 위한 유용한 도구가 될 수 있겠다는 생각을 한다. 추정된 유형별 A, B, C는 욕망이 다르고 욕망 충족을 위한 비용도 다르게 사용했지만 전반적인 행복도는 비슷하게 산출되었다.

　각각 중산층과 최상위 계층들인 세 사람들은 비교적 안정적
인 결혼 생활을 하고 있었기 때문에 먹고사는 문제나 성적 욕
망에 관한 문제는 두드러지지 않았다. 표에 따르면 우리들 욕
망의 경우 돈으로 해결하는 것은 효과가 많지 않은 것 같다.
돈을 많이 사용했다고 그 항목의 행복도가 높게 나타난다고
말할 수 없었고 돈을 적게 사용했다고 행복도가 예외없이 낮
게 나타나지도 않았다.

　대표적으로 돈을 많이 사용하는 것이 내리사랑에 대한 욕
망을 충족하는 것인데 실제적으로 돈을 증여받는 자녀들 간
의 갈등 문제로 행복도를 올리는 것이 어려웠고 자신의 재산
과 비용의 90% 이상을 내리사랑을 위한 욕망을 위해 사용한
B가 그 항목에서 가장 낮은 행복도를 보인 것은 욕망과 비용
의 아이러니라 할 수 있다. B의 경우에는 B의 부친이 돌아가
시면서 남긴 유산을 정리하는 과정에서 형제들과 형제들 그
리고 B와 모친 간의 법정 분쟁 끝에 상속을 완료했다는 사실
에서 충분한 교훈을 얻지 못한 듯하다. 돈을 물려주는 것보다
부모가 스스로 화목하게 살거나 좋은 추억을 만들어 주는 것
이 내리사랑에 대한 충족도를 가장 높일 수 있다는 것이 149
명의 설문 응답자들의 현명한 의견이다.

　돈을 제일 많이 사용하는 또 다른 항목이 인정받고 싶은 욕

구를 충족하기 위한 비용이다. C가 속한 미국 사회 역시 극단적인 모순과 문제점을 가지고 있기는 하지만 존경과 인정이 단지 돈 많은 사람이 아니고 그 돈을 사회를 위해서 환원하고 잘 사용하는 사람들에게 향하는 분위기가 있다. 그런 사회에서는 단지 돈을 많이 가지고 있다는 것으로 인정받고 싶은 욕망을 충족할 수 없다. C가 전 재산을 기부하는 이유는 그런 사회적 배경이 있기 때문에 가능한 것이다. 최고의 부자들이 서로 기부 경쟁을 하는 사회는 그렇지 않은 사람들에게는 명예를 인정하지 않는 사회 분위기가 있기 때문이다. 돈이 있는 것만으로 명예를 인정받는 사회는 돈을 쓸 수 없게 만드는 사회이다. 천박한 사회상이 아닐 수 없다. 천박한 사회에서 돈은 엉뚱한 곳에 쓰이게 된다. 본인도 자식들도 행복해지기 어려운 방식으로 돈이 사용되고 내리사랑에 대한 욕망은 충족되지 않는다. 돈이 순환되지 않고 행복의 총 효용은 늘어나지 않는다. 이런 사회가 되어서는 안 된다.

오늘날 또 다른 재벌가인 종교 기관들은 그들의 재산 때문에 싸우고 있다. 교회가 크고 부자이면 더 인정해 주는 사회이기 때문이다. 교회가 크고 성직자가 배부르면 비난을 받아야 교회가 돈에 관심을 줄일 수 있다. 이들의 재산을 국고로 환수하고 성직자들은 국가의 급여를 받도록 개선하면 사후세

계를 돈으로 사고파는 거래가 없어질 것이다. 돈을 많이 모아
두고 곳간이 넘치는 사람들이나 기관들을 명예롭게 인정하는
것을 그만두어야 한다. 명예는 이웃과 함께 그 돈을 나누고
행복을 나누는 사람들에게 온전히 주어져야 한다.

그래서 이 책을 통해 지속적으로 강조해 온 욕망 충족을 위
한 국가적 예산 확보의 두 가지 방법을 간단히 요약한다.

1. 큰 비용이 사용되는 '내리사랑에 대한 욕망'을 '인정받
   고 싶은 욕망'으로 대체하는 운동을 벌인다.
2. 인정받고 싶은 욕망은 정부, 특히 명예청이 나서서 적
   극 지원하고 그 비용을 회수하여 다른 욕망에 사용할
   재원을 마련한다.

내리사랑을 위한 욕망을 인정받고 싶은 욕망으로 대체하고,
인정받고 싶은 욕망을 위해 사용되는 비용을 국고로 회수하
며, 국고로 회수된 자금을 국민들의 먹는 것에 대한 욕망과
성적 욕망의 충족을 위해 사용한다. 그러면 기본적 욕망에 대
한 걱정이 없는 세대들의 창의적 활동으로 교육 혁명, 직업 혁
명, 문화 혁명이 창출되며 돈보다는 사회 및 이웃과의 좋은 관
계를 통해 지속 가능한 행복을 창출하는 사회를 만들 수 있

다는 결론이다. 사회가 돈을 나누지 않는 부자들을 명예롭게 인정하면 모든 청년들이 돈을 벌기 원하게 되고 돈은 점점 중요한 것이 되고 돈을 위한 경쟁이 가속되며 경쟁에서 승리한 쪽으로 돈이 쏠리게 되고 그 돈이 다시 내리사랑 충족을 위해 증여나 상속되고 나머지 사람들은 기본적인 욕구 충족마저 못하고 행복이 최저인 사회가 될 수밖에 없다. 사회를 바꾸는 것은 부자들을 보는 우리들의 시선을 바꾸는 것에서 시작된다는 것을 기억해야만 한다.

이것이 정상 국가가 운영될 수 있는 핵심 틀이라고 할 수 있다. 지금까지 정부는 국민들의 욕망에 관한 분석도 철학도 없이 늘 해 오던 예산 계획의 방식에서 벗어나지 못했다. 나는 욕망이 왜곡된 사회를 '비정상 사회'라고 부르고 욕망이 왜곡된 국가를 '비정상 국가'라고 부르겠다. 우리 시대의 목표는 이상 국가를 건설하는 것이 아니라 국민의 욕망을 왜곡되지 않게 실현하는 '정상 국가'를 건립하는 것이다.

Part 08

정상
국가

정상 국가는
무엇인가

　토마스 모어의 『유토피아』는 지금부터 약 500년 전인 1516년 출간된 이후 인간이 꿈꾸는 미래상을 이야기할 때면 늘 언급되곤 한다. '어디에도 없는 곳'이라는 뜻을 가진 유토피아는 오늘의 관점에서 보면 이미 그 정도의 세상은 넘어온 것이 아닌가 하는 생각도 든다. 토마스 모어가 『유토피아』에서 꿈꾸는 세상은 아래의 내용을 포함한다.

1. 노예제 인정
2. 시골과 도시에서 노동하는 사람들
3. 하루 여섯 시간만 노동
4. 사유 재산이 없고 돈이 없는 나라
5. 아내가 남편에게 복종하는 사회
6. 가장 어리석은 것은 단지 그가 부자라는 이유로 살아 있는 동안 그가 한 푼도 내놓지 않을 것을 알면서도 그를 존경하는 것 또는 부자이면서도 돈을 쓰지 않고 죽는 일

7. 결핍의 공포가 없기 때문에 탐욕을 부릴 필요가 없는 세상
8. 종교인들의 권유에 의한 안락사 시행
9. 결혼 전 남녀는 서로에게 벗은 몸을 보여 주고 서로를 관찰할 기회를 줌

유토피아의 주요 정책들이 위와 같다면 현대의 복지 국가들이 위와 같은 세상보다 못하다고 할 수는 없을 것 같다. 현대의 국가들은 노예제 대신 편리한 기계를 만들어 냈고, 유럽의 경우 여섯 시간 정도 일하는 국가들이 많으며, 사유 재산이 없는 세상은 실험을 해 보니 그리 좋은 세상만은 아니었다는 것이 어느 정도 증명된 것으로 여겨진다.

오늘날은 결핍의 공포가 별로 없으며, 안락사도 일부 국가에서 시행하고 있고, 결혼 전 한번 알몸을 보여 주는 정도가 아니라 서로의 몸과 마음을 충분히 살펴볼 기회가 있는 세상이다. 또한 아내가 남편에게 복종하는 것보다는 더 나은 평등한 세상에서 살고 있다.

500년 전에 어느 몽상가가 꿈꿔온 신비한 섬에서나 일어날 수 있는 세상이 오늘날 더 좋은 모습으로 실현되어 있다. 불가능할 것 같은 이상 국가가 현실이 되었다. 사실 500년 전

꿈꾸었던 이상 국가는 정상 국가면 누구든지 해야 될 당연한 일을 하는 국가라고 볼 수도 있다. 해야 할 일을 당연히 하는 국가는 이상 국가가 아니고 정상 국가인 것이다. 그런 의미에서 오늘날 국가가 당연히 해야 할 일은 무엇인가? 당연한 일을 함으로써 달성되는 정상 국가는 어떤 것인가를 새삼 생각하게 된다.

우리나라의 경우 이미 선진국이라지만 여섯 시간 노동은 아직 남겨진 숙제이고 부자라는 이유로 존경심을 갖는 것은 유럽의 500년 전 생각과 비슷한 듯하며 안락사는 큰일날 일로 여겨진다. 500년 전의 꿈도 완전히 이루지 못한 우리의 현실이 안타깝기만 하다.

정상 국가는 국민을 위해 국가가 마땅히 해야 할 일을 하는 국가이다. 역사적으로 국가의 탄생은 폭력을 조직하기 위해 탄생한 측면이 있고 국가들 간 서로 폭력의 교환을 통해 발전하고 패망하는 일을 거듭해 왔다. 오늘날 국민이 주인이라는 민주주의 국가라 하더라도 이런 국가 탄생의 역사적 맥락에서 자유롭지 않다. 일단 형성된 국가는 스스로의 정체성을 유지하며 국가 스스로의 존립을 위해 운영되며 국민들 각자를 위한 국가일 수 없게 된다. 더구나 국가는 태생적으로 폭력을 조직하던 역사 때문에 효율성, 생산성, 건전성 등을 선호하며 국가가 제공하는 서비스 테두리 내에서 국민들이 만족하기를 원한다. 국가는 국민들이 쾌락을 추구하길 원하지 않으며 생산성이 극대화되고 언제든지 동원될 수 있는 효율적이고 건전한 역량을 유지하길 원한다. 교육 정책, 복지 정책, 국방 정책 등 모든 행정은 그런 역량 유지를 목적으로 한다. 개인들 집합체로서의 대중은 자신들의 명확한 의사가 없으며 개개인은 뜻을 모을 위치에 있지 않다. 많은 정치 세력 중 하나를 선택하여 지지하는 방식으로 정치적 의사를 표시하지만 정치인들의 최우선 목표는 언제나 그다음 선거에 다시 당선되는 일이다. 실제로 정치를 하는 국회의원들도 자신들의 의사 결정 과정을 보면 과연 대의민주주의가 국민들을 위한 것인지 알 수 없어 참담한 심정이라고 한다.

그래서 다음과 같이 정상 국가를 다시 정의하고 싶다.

정상 국가

국가의 목적이 아니라 국민들의 쾌락을 높이는 목적으로 운영되는 국가이다. 국민들의 욕망이 채워지는 국가, 비용당 한계 행복이 높은 국가가 정상 국가이다.

정상 국가는 다음과 같은 국가 기구로 구성된다.

1. 행정부는 국민이 뽑는 대통령과 대통령이 뽑은 총리, 그리고 총리가 선출한 내각으로 구성된다.
2. 대통령은 국가의 원수로서 임기는 4년이며 총리를 통해 내각을 통솔하고 외교와 국방 업무를 수행하는 외무성과 국방성을 직접 관할한다.
3. 총리가 관할하는 내각은 의식주청, 사랑청, 내리사랑청, 권리청, 항상청, 지식청, 경험청, 승리청, 습관청, 더불어청, 명예청, 표현청, 빠른행복청으로 구성되며 국민 개개인의 욕망을 세밀하게 충족시켜 주는 것을 목표로 한다.
4. 각 청은 필요에 따라 특정 임무를 전담하는 부를 둘 수 있으며 국민들의 행복 지수를 관리하는 통계부, 육체적 고통 경감을 목표로 하는 진통부, 편안한 죽음을 인도하는 안락사부 등 국민의 행복을 위해 목적이 달성될 때까지 그 조직들을 유지할 수 있다.
5. 입법부는 상원과 하원으로 나누며 상원은 명예롭게 재산을 국가에 기부했거나 세금을 많이 낸 부자들 또는 사회에 큰 공헌을 한 사람들 중에서 명예청의 추천을 받아 각 지역의 도지사들이 승인한 사람들을 대통령이 임명한다. 하원은 남녀와 연령을 고려하여 정당에서 추천하며 국민의 선거를 통해 선출된다. 상원과 하원의 임기는 2년이며 상원은 연임할 수 있고 하원은 연임할 수 없다.
6. 사법부 조직에서 민사에 관한 사항은 민간으로 이양하여 자치단체별 위원회에서 관할하며 형사에 관한 사항은 예방 위주로 진행하며 꼭 필요한 경우에 한해 판결하되 사형 제도를 유지한다.
7. 국민들 누구든 의식주와 성욕에 대한 불안감을 갖지 않도록 충족시키는 것이 국가의 1차적 목표이다.
8. 의식주와 성욕에 대한 욕망 충족에 이어 개인의 욕망을 분석하고 관리하며 효과적인 욕망 충족을 이룰 수 있도록 각 청별 전문가들을 양성하여 국민 누구나가 자신의 성향에 맞는 욕망을 충족할 수 있도록 인도하는 것이 국가의 2차적 목표다.
9. 세계 어디서나 인류의 욕망 충족을 위한 활동이 연속될 수 있도록 주변 국들과 긴밀히 협의하는 것이 국가의 3차적 목표이다.

이런 정상 국가는 언제 만들 수 있을까? 국민 대다수가 행복한 사회는 언제쯤 이루어질 수 있을까? 다시 500년을 기다려야 하는가? 그렇지는 않을 것이다. 경제적인 면에서 우리는 당장 정상 국가를 만들 수 있다. 나라 경제가 어려운데 무슨 국민들 욕망을 해결하는 정상 국가를 만들자는 말인가 하고 생각할 수도 있다.

사실 경제가 예전만 못하고 먹고 살기 힘들어지니 정치를 못 한다고 하는 말은 맞는 말이고 민심인 것 같지만 막연한 말이다. 우리나라의 경제는 선진국 경제에 들어섰고 더 이상 성장을 목표로 삼기는 어렵다. 돈을 풀든, 이자율을 극단으로 내리든 비상적인 정책을 쓰는 경우라 하더라도 선진국이 3% 이상의 성장을 한다는 것은 쉽지 않은 일이다.

다음은 2017년 기준 통계청 KOSIS 기준 GDP 성장률이다.

○ 스위스 1.09%

○ 이탈리아 1.5%

○ 일본 1.71%

○ 영국 1.79%

○ 프랑스 1.82%

○ 노르웨이 1.92%

○ 호주 1.96%

○ 독일 2.2%

○ 미국 2.27%

○ 스웨덴 2.29%

○ 핀란드 2.63%

○ 캐나다 3.05%

○ 한국 3.1%

○ 네덜란드 3.16%

○ 싱가포르 3.62%

○ 홍콩 3.79%,

○ 아일랜드 7.8%

위와 같이 인구 5백만 명이 안 되는 작은 국가인 아일랜드를 제외한 모든 선진국들의 경제 성장률은 70위권 밖으로 연간 GDP 성장률이 1~3% 내에 있는 것이 자연스럽다.

물론 중국, 인도, 필리핀, 세네갈, 리비아, 에티오피아, 아르메니아, 방글라데시, 캄보디아, 투르크메니스탄 등 후진국들의 경우 6% 이상의 성장을 하고 있고 이는 바람직한 일이라 할 수 있다. 그러나 선진국 경제는 성장에 의해 지속되는 구조가 아니라는 것은 명확한 일이다.

보수든 진보든 성장을 약속하는 세력은 국민을 기만하는 것이다. 우리나라는 국가 전체적으로 이미 여유 있는 부자 나라에 들어섰기 때문에 먹고살기 힘든 이유는 분배가 원활하지 않은 것이지 저성장이 아닌 것이다. 저성장이 먹고살기 힘든 이유라면 앞으로도 계속 먹고살기 힘들 수밖에 없다. 지속 가능한 분배를 위해 어느 정도의 성장이 필요한 것이지 성장을 위해 분배가 유예될 일은 아닌 것이다.

그 때문에 분배를 잘하면서 장기적인 성장 동력을 유지하는 정부가 유능한 정부라고 할 수 있다. 아울러 정부는 국민들의 욕망을 충족해야 하고 부자들의 욕망을 충족해 주고 분배를 위한 재원을 확보해야 한다.

정상 국가 달성을 위해 청년들이 나서야 할 것이다. 청년당을 만들고 청년들의 인간적인 삶을 위한 정치 투쟁에 나서야 한다. 행동하지 않으면 주인이 될 수 없다. 현재 청년들의 문제는 청년들 개개인이 스스로 풀어 나갈 수 없는 구조적 문제에 직면해 있다. 가족 모두가 굶주리는데 나만 잘 먹겠다고 하면 철없는 짓이 될 것이다. 나라가 힘들고 어려운데 나만 잘살겠다고 하는 것도 옳은 일이 아니다. 그러나 세계 10대 부국 중 하나인 이 나라에서 청년들이 앞이 보이지 않는다면 투쟁해야 한다. 돈은 많은데 편중되어 있고 그 많은 돈이 효용성

이 없는 곳에 사용된다면 사회 전체의 효용을 높이는 데 사용
되도록 목소리를 높여야 한다. 청년들은 미래가 아니라 지금
즉시 행복해질 권리가 있다. 청년들은 투쟁해야 할 분명한 이유
가 있고 투쟁하지 않는 사람들을 신경 쓰는 정부는 거의 없다.
비정상인 국가를 정상 국가로 바꾸기 위해 청년들이 나서라.

정상 국가 이후의 세계,
하나 된 국가를 향하여

    우리나라의 주변에 위치해 있는 나라들은 중국, 일본, 러시아, 미국, 북한 등을 들 수 있다. 역사적으로 이들 국가들과는 감정적으로 상처가 있다. 중국은 침략의 역사가 수차례 있었고 한국전에서도 적으로 싸웠다. 일본과도 전쟁이 있었고 수십 년의 점령 기간 동안 가졌던 앙금이 아직도 남아 있다. 미국과 러시아는 한반도를 둘로 나눈 장본인들이고 분단과 전쟁에 책임이 있는 나라들이다. 그럼에도 우리는 미국과는 동맹이고 중국, 일본, 러시아와 가능한 한 잘 지내려고 노력하고 있다. 그런데 북한과는 전쟁을 했다고는 하지만 여전히 최악의 상황으로 남아 있다. 다른 주변국들이 모두 경제적으로도 강력하고 군사적으로도 세계 최강의 국가들인데 유독 경제력도 약하고 군사적으로 다른 강대국과 비교되지 않게 취약한 북한만을 적으로 두고 있는 것은 이해하기 어렵다. 과연 북한이 우리의 적일까? 그리고 북한만이 우리의 적일까? 북한이 우리에게 적인 이유는 적이었기 때문이고 적이기를 그만두자고 합의하지 않았기 때문이다. 서로 간에 적이 아닌 것을 합의하고 공표하는 일은 너무도 간단한 일이지만 국제적인 환경에서는 그렇지 않다. 남과 북 지도자들이 서로 적이 되고 싶지 않은데도 적으로 남아 있어야 지역이 안정되고 적당한 긴장과 평화가 공존하게 된다.

한반도의 두 국가가 적으로 남아 있는 것은 미국과 중국, 일본 러시아 국민들에게 아무 이익이 없다. 그러나 국가라는 단위에서 보면 그들 국가의 국가적 이익들이 걸려 있다. 국민들에게는 이해 관계가 없지만 국가에는 이해 관계가 걸리는 일들은 많이 있다. 미국과 이란의 문제가 그렇고 인도와 파키스탄의 문제도 그렇다. 이렇게 국가 간의 관계를 얘기하는 이유는 국가라는 것이 한번 생기면 국민들의 이해 관계와 상관없이 국가 자체의 이해 관계가 생겨나고 이것을 국가 간에 조정하기가 대단히 어려워진다는 점을 말하고 싶기 때문이다. 사실상 독도가 아무도 살지 않는 땅이고 우리나 일본 국민들의 이해 관계가 거의 없는 곳이지만 국가 간에는 전쟁도 불사할 이유가 된다. 독도 문제로 일본과 전쟁이 난다면 죽음을 불사하고 전쟁에 뛰어들겠다는 젊은이들이 적지 않을 것이다. 국가가 국민의 삶을 위해 해야 할 역할이 점점 늘어나지만 이처럼 국가가 이해 관계를 가진 인격체가 된 듯이 자존감을 가지고 스스로의 이익을 추구하고 욕망을 추구하면 사람이나 국민, 인류를 위한 정책은 뒤로 밀려나고 국가 자체의 목적으로 사람이 희생당하게 된다. 1차 세계대전이 그랬고 2차 세계대전이 그랬다. 이 전쟁으로 많은 사람들이 사랑하는 가족을 잃었고 불구자가 되었고 행복을 잃었지만 국가는 그 전쟁을 하지 않을 수 없었다.

　이런 문제는 오늘도 계속된다.

○ 환경 문제가 심한 산업이 해외로 공장을 이전하면 국민들은 이 문제를 해결한 정부를 칭찬하게 된다.

○ 원자력이 인류의 미래에 중대한 위험성이 있지만 이웃 국가는 아직도 많은데 우리만 멈추면 손해라는 인식이 생긴다.

○ 자연 재해가 있어도 우리나라에서 발생한 것이 아니면 문제가 없다.

○ 세계적으로는 인구가 넘쳐 인류에게 재앙이 될 것이 뻔한 일이지만 우리나라는 출생률이 낮아 인구를 늘리기 위해 대규모의 자금을 집행한다.

○ 지구 전체적으로 먹을 것이 넘치는데 굶주리는 사람들의 숫자는 줄어들지 않고 있다.

○ 기후 문제로 세계가 위험에 빠질 수 있지만 그 해결
  과정에서 우리나라가 손해를 보는 결정을 정치인들은
  내릴 수 없다.

○ 어느 나라는 돈이 넘쳐도 투자할 곳이 없고 다른 나
  라는 투자할 곳이 많아도 돈이 없어서 못한다.

○ 그 땅에 사는 사람들은 아무 상관이 없는데 그 지역
  을 서로 차지하겠다고 국가 간 전쟁을 한다.

○ 인류의 경제적 성장은 더 이상 필요한 것이 아님에도
  국가 간 경쟁 때문에 성장 우선 정책을 멈출 수 없고
  갈 데까지 갈 수밖에 없다.

○ 마실 물이 부족한 지역 국가들에 10억 명이 모여 사는
  데 10억 명이 먹고도 남을 물을 가진 나라에 3천 7백
  만 명이 산다.

역사적으로 국가란 이유가 없으면 이유를 만들어서라도 전
쟁을 하게 되어 있다. 국가라는 실체도 없는 것들의 이익이 걸
리기 때문이다. 인간이 인간의 욕망을 추구하며 살아야 하는
데 국가와 국가가 민족과 민족이 서로의 욕망을 실현하겠다
고 다투고 그 과정에서 인간의 욕망이 제한되고 희생되는 일
을 더 이상 용납해서는 안 된다.

우리는 정상 국가를 만드는 것을 목표로 하지만 국가가 정상 국가화되면 모든 국가들은 하나의 국가로 통합되어야 한다.

하나의 국가로 통합되면 인구 문제, 자원 문제, 식량 문제, 지역 분쟁, 환경 문제, 기후 문제, 교육 문제 등이 해결될 수 있다. 지구라는 공유지에서 일어나는 비극을 막는 유일한 방안은 세계가 하나의 정부라는 울타리에 모여 사는 것이다.

이미 민족이라는 것이 허구임이 밝혀져 있다. 중국인도 중국인의 조상이 누구인지 모르고 일본인도 자기들의 조상을 모르며 한국인도 누가 조상인지 모른다. 유럽인과 인도인, 이란인은 아리아인의 후손이지만 같은 민족이라는 의식조차 없다. 미국이란 나라는 민족을 주장하지도 않지만 국가이다. 언어나 문화도 지금 것이 처음부터 있던 것이 아니다. 민족은 국가를 구성할 요소가 아니며 이익 공동체가 되어서도 안 된다.

지금부터 할 수 있는 일은 민족이나 국가를 기준으로 누군가를 미워하지 않는 것이다. 우리가 지향해야 할 국가는 정상 국가를 넘어 하나인 국가이기 때문이다.

하나의 국가가 되어도 인종, 종교, 계층별로 다양한 사회적 분화가 있을 수 있지만 하나의 국가를 만들 수 있는 지혜를 가진다면 극복할 수 있는 일이다. 하나의 국가가 모든 문제를 해결할 수는 없지만 전쟁, 인구 문제, 환경 문제, 식량 문제, 기후 문제, 영토 분쟁, 지역 간 불균형 문제 등으로 어디로 갈지 모르는 인류의 어두운 그림자를 걷어 낼 수 있을 것이다. 적어도 인류가 종말을 향해 치닫는 치킨게임을 끝내고 인류 전체를 걱정하는 토대가 마련될 것이다.

불가능한 것 같은 일을 우리 청년들이 먼저 시작했으면 좋겠다.

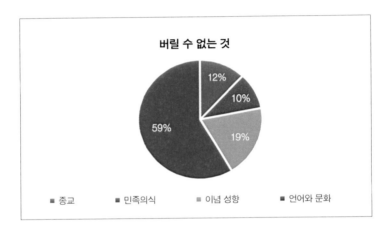

149명의 설문 응답자들은 우리가 마지막까지 버릴 수 없는 것으로 언어와 문화(59%), 이념 성향(19%), 종교(12%), 민족(10%)을 선택하였다. 우리가 언어나 문화, 민족, 종교, 이념들을 버릴 수 없는 것은 그것이 우리의 항상성에 대한 욕망, 정체성에 대한 욕망을 만족시켜 주고 있기 때문이다. 그러나 항상성은 변화하는 것 자체를 항상성의 기준으로 삼아야 우리 모두가 행복해질 수 있다. 일단 국가를 하나로 하는 것에서 시작했으면 좋겠다. 종교와 민족이 다르지만 하나의 국가로 모여 사는 미국처럼, 하나의 국가를 만들어 보자. 국가들이 국가의 목적을 가지고 국가의 욕망을 충족하기 위해 경쟁하는 과정에서 소멸해 가는 인류를 구원할 수 있는 첫 번째 발걸음이 하나의 국가를 만드는 것이다. 하나 된 정상 국가에서 나의 욕망을 충족하며 행복하게 살고 싶다. 지하도를 오가는 갑남을녀 그리고 척박한 곳에서 어려운 삶을 이어 가는 사람들이 모두 함께 합당한 욕망을 충족하며 행복을 만들어 가는 세상을 꿈꾼다. 그런 정상적인 사회를 우리가 만들어야 한다는 책임감을 느낀다.

EPILOGUE

 나는 이 책을 통해 인간의 욕망에 대한 분석을 시도했다. 사람들이 욕망이라는 단어를 사용할 때에 그 속에는 뭔가 도덕적이지 않고 불순하고 위험한 냄새가 배어 있다. 그러나 욕망은 인간이 원하는 것, 바로 그것이고 인간의 존재 이유도 욕망을 충족하는 것이라고 말할 수 있다. 그럼에도 역사의 굴곡에서 대다수의 욕망은 억눌렸고 소수 특권층의 욕망만이 과도하게 존중되었다. 이제 욕망에서 불순하고 더럽고 위험한 냄새를 제거하고 욕망이 우리 삶의 동력이고 우리의 존재 이유라는 것을 고백할 때가 되었다. "나는 욕망을 충족하기 위해 살아갑니다"라고 아무런 부끄럼 없이 얘기할 수 있어야 한다. 그런 욕망 중에서 가장 중요한 두 가지, 즉 의식주와 성적 욕망은 반드시 충족되어야 하며 그러기 위해 정부의 개입이 있어야 된다는 것을 강조하였다. 정부의 개입은 효율적인 예산 집행을 통해 이루어져야 한다. 사회적 총 효용을 증대하는 방향으로, 사회적 고통을 감소하는 방향으로 예산이 집행되어야 한다. 그러기 위해서 무엇보다 취약한 청년층들을 위한 예산의 확보가 중요하다.

의식주와 성적 욕망 이외의 나머지 욕망들은 각자의 결정에 따라 선택과 집중을 할 수 있다. 인정받고 싶은 욕망이 강하다면 그에 맞게, 지식에 대한 욕망이 강하면 그에 맞게, 경험에 대한 욕망이 강하면 그에 맞게, 표현에 대한 욕망이 강하면 그에 맞게 자신의 충족 방안을 찾아야 한다. 그리고 그 과정에서 정부의 해당 욕망청에서 개인의 욕망 실현을 도와야 한다.

오랫동안 인간에게 가장 중요한 것은 도덕성이나 영혼, 희생, 소명 등 권력이나 신 또는 국가가 부여한 의무를 이행하는 것이었다. 인간의 존재 이유도 그런 것 속에서 정해졌다. 그러나 이제 인간은 오랜 역사를 돌아 욕망 앞에 서 있고 그 욕망 앞에서 더 이상 부끄러울 이유가 없다. 그동안 사회와 국가 그리고 개인 모두가 고귀한 존재와 이념을 향해 머리 숙이고 그 길을 갔었지만 앞으로는 개인과 사회 그리고 국가, 인류가 욕망의 충족이라는 인간의 존재 이유 앞에 엄숙함을 유지해야 할 것이다.

욕망 앞에 서 있는 개인들을 위한 엄숙함이 '정상 국가'의 과제이고 인류의 욕망 앞에서 놓여 있는 엄숙한 과제가 '하나의 국가'이다.

인간의 문제를 그리고 인류의 문제를 우리가 해결할 수 있을까? 인간의 욕망과 인류의 욕망을 우리가 충족시킬 수 있을까? 개인의 문제를 개인이 해결할 수 없는 시대에 우리가 살고 있다. 국가의 문제도 국가 스스로 해결할 방법이 없다. 인류가 문제를 해결하고 욕망 충족을 달성하는 유일한 방안은 하나의 국가 아래 모이는 것이다. 하나의 국가 아래 모이는 것이 모든 해결의 출발점이 될 것이다. 그리고 전에 없던 하나의 국가에서 인류가 무엇을 할지 합의를 도출해야 한다.

선의를 가진 사람이 그렇게 많은데도 인류의 문제가 해결이 되지 않는 것은 국가가 국가 자체의 이익을 추구하기 때문이다. 이제 인류는 생존과 행복을 위해 단 하나의 커다란 결단을 요구받고 있다. '하나의 국가'가 그것이다. 그러나 국가들이 그런 합의를 만들어 낼 수 있을까? 유럽 연합의 통합 과정을 보면 회의적인 생각을 하게 될 수 있다. 인류의 지성을 거스르고 자국의 특정 인종이나 계층을 바라보며 정치하는 독단적인 세계 지도자를 보면 회의적인 생각이 들 수도 있다. 정치인들은 자신들의 재선을 위해 분열을 조장하고 적을 만들고 전쟁을 한다. 국가가 아니라 개개인이 깨어 있어야 하는 이유이다. 지금보다 많은 사람, 더 많은 사람들, 훨씬 많은 사람들이 원하면 세계는 하나의 국가가 될 수 있다. 이웃 국가를 미워하고 증오하는 정책을 쓰는 정치인들을 눈여겨볼 필요가 있다. 하나가 되면 인류는 스스로를 계획하고 미래를 만들 수 있다. 더 많은 사람들이 그럴 수 있도록 같이 노력하자.

2019년 9월

신동안